中公文庫

料理歳時記

辰巳浜子

中央公論新社

目次

春

秋

冬

本文中イラスト　磯田尚男

料理歳時記

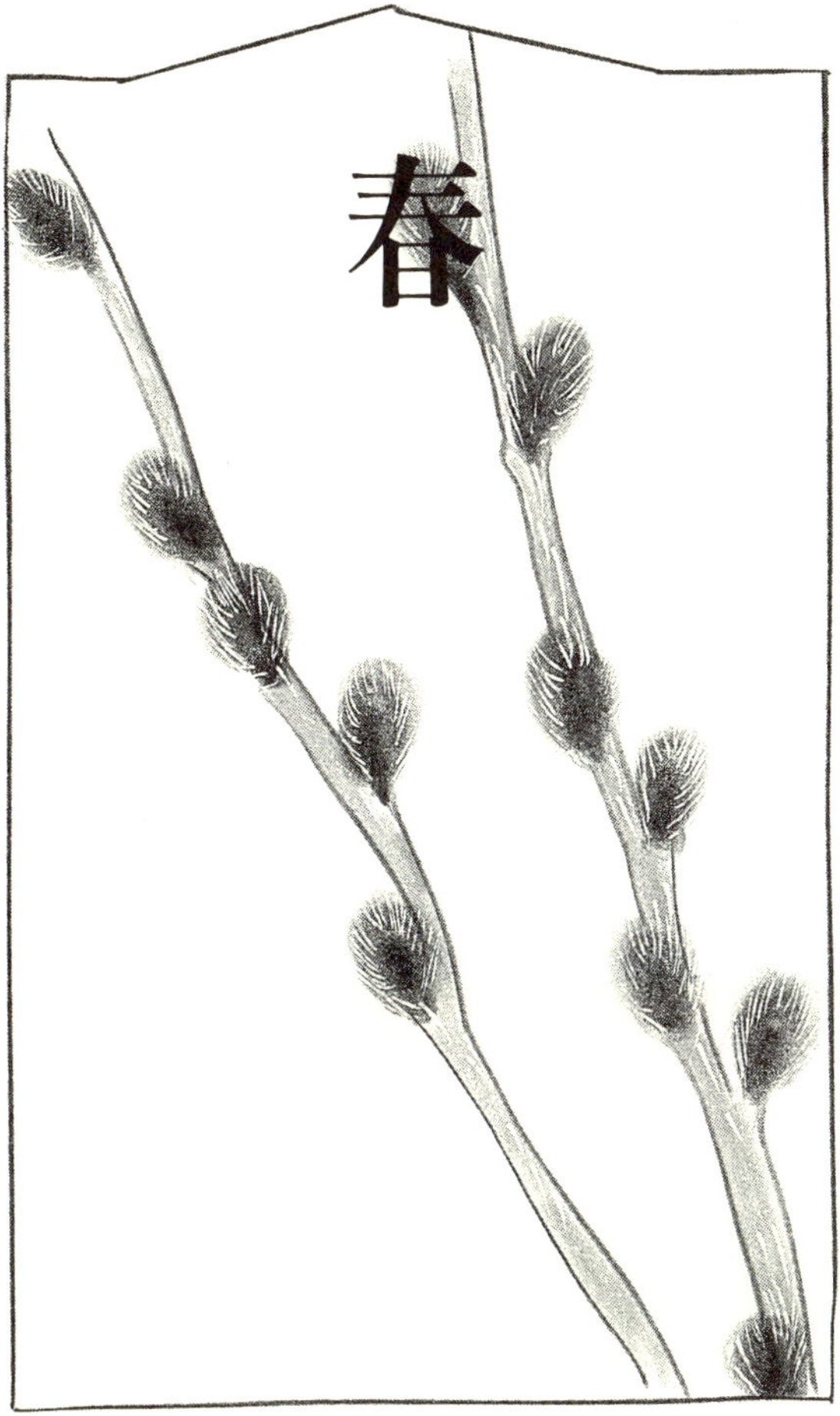
春

金柑《きんかん》　杏《あんず》　林檎《りんご》

金柑の甘露煮

正月前から早春にかけて、果物屋さん、八百屋さんの店先に、可愛らしい金柑がいつ買われるともなく置かれてあります。

金柑の甘露煮は咳止めの妙薬と、火鉢に土鍋をかけては祖母が煮ていました。部屋中がなんともいえぬよい香りに満ちて、真冬のお茶の間の昼下りの匂いでした。風邪をひくと、熱いお湯に入れて「咳が止まるからお飲み」といわれ、子供の頃の私は猫舌のうえに金柑の湯気が嫌いで、飲まない工夫をしたものです。その私が、いつの間にやら金柑をせっせと煮るのですから、時代はめぐりくるといったらいいのでしょうか。

金柑の甘露煮は咳止めばかりでなく、一つ二つを小付《こづけ》にすると、お箸休めにいいものです。お酒の肴にも結構いけます。大根おろしを添えて、甘酢をかけてもよろしいし、お口取りや焼魚の前置にもしゃれております。求める時は皮をむしって食べてみてください。苦味が先に舌に当るのは煮てもおいしく上りません。香りが高く、皮に甘味のある品を選んでください。鍋は土鍋か瀬戸引き鍋にかぎります。果物類その他酸気のものを煮る場合は金属製の鍋を用いません。

金柑は丸のまま水洗いして、葉つきのところを少々切り落し、そこから爪楊枝で種を出します。ひたひたの水を加えて、弱火でコトリコトリと煮はじめ、色が透き通ってきたら、いったん鍋をおろしてむらします。この時、苦味の程度を調べ、苦味が気にかかるようなら水を替えます。私は、最初においしい金柑を探しますから茹でこぼしません。次いで、金柑の七〇パーセントくらいの量の白ザラメを加え、ホタホタと煮つめ、煮汁がとろみをおびたらほんの少量の醤油を加えます。淡い透き通った黄色の水にちょっと赤味をさしたかな、という程度です。醤油を入れたな、と気づかせるようでは困ります。スポンジケーキやフルーツケーキにきざみこんで焼きますと、独特の風味が生れて喜ばれます。

杏の甘露煮

杏の甘露煮も同じようなものですが、私はカリフォルニア産の干杏を使います。大きくて色のよいものを選び、水洗いして土鍋に入れてひたひたの水を加え、一時間ほど、ほとびらかします。弱火にかけて五分くらい煮たら白ザラメを加えます。そのまま箸休め、口取りに結構ですが、甘すぎると風味をそこないますから注意してください。杏の酸味が風味なので、ババロアやタルトに使えば、高級な味が洋酒のおつまみに盛り合せると意外に喜ばれます。ババロアやタルトに使えば、高級な味が楽しめます。

りんごのジャム

ついでに、りんごのジャムを一つご披露しましょう。ベルギーの神父様に教えていただいた作り方です。赤い瑪瑙のように透き通ったとても美味しいジャムです。

りんごは三、四種類混ぜて使ったほうが風味があります。分量は、りんご、水、砂糖いずれも一キロずつの割合です。りんごは丸のまま、柄《え》もとってはいけません。りんごと水を合せ、弱火でホタホタ煮ます。水分が三分の一以上煮つまると、皮の色がすっかりあせて、ふれることもできないようなポタポタの状態になります。人肌にさまして、布袋に全部入れて吊し、したたり落ちる汁を器に受けるのです。一滴も落ちなくなるまで吊しておきます。この汁に砂糖を加えて、今度は強火で煮つめます。したたり落ちた汁は煎茶の出がらしのような色ですが、砂糖を入れて煮はじめると、みるみるうちに赤く美しい色に変化します。かき混ぜながら十五分も強火で煮るでしょうか、とろみの出たところで火を止め、レモンの絞り汁を加えて酸味を補います。さめるとねっとりと糸をひいて、あくまで透明で上品で、風味の高いジャムができ上ります。のびがきいて経済的でもありますし、一年たっても変ることがありません。

蕗《ふき》

春の野菜類は香りが高く、苦味や辛味をふくんだものが多いのは、自然が私たちの体に必要とする何かを摂らせるためなのでしょうか。辛子菜、高菜にしても、冬野菜の白菜、小松菜の類よりはるかに香りも辛味も強く、早春いち早く芽を出す蕗《ふき》の薹《とう》にはじまり、春の七草のうちの芹《せり》、薺《なずな》、仏の座をはじめ、嫁菜、たんぽぽ、蓬《よもぎ》、枸杞《くこ》その他山菜類は一様に苦味があり、それが風味となって、忘れがたい春の味となります。「春と苦味」、自然にかなった何かがあるとしか考えられません。

筍と蕗で晩春の香りが終る頃には、みずみずしい胡瓜やトマトの夏野菜が出はじめます。春の彼岸から畑作りに忙しい私は、自然のなせるわざを見つめては、これはなんのためであろうかと考えずにはいられません。房々としげる春の葉物類、夏は枝からぶら下る野菜の多いこと、そして秋から冬にかけては地中に実る根菜の多いこと。あたりまえのことといってしまえばそれまでですが、私にはこれが不思議でなりません。

わが家の山のつわぶき（山蕗）はまこと見事そのものです。海風が性に合うのか、雑木の腐葉土がよく効いてか、たいそうよく成育して、薄茶の綿毛に包まれた若芽が肥えて、ぬくぬくと頭をもたげ、毎日のように山を歩いては両手に抱えきれないほど取ってくるのも楽しみです。お蔭で指先はいつも蕗のアクがこびりついて、人前に手を出せなくて困ります。

水蕗は、先に茹でてあとから皮をむきますが、山蕗は皮を先にむいてあとから茹でなければなりません。山蕗のアクは、蕗自身から出たアク水で茹でるのが一番よい方法と教わりました。皮はむくそばから次々と水に浸けます。皮をむき終る頃、その水は薄い番茶の煎汁のようになっています。その水を煮立てて蕗を茹でるのです。毒をもって毒を制するとの言葉がありますが、その茶色の水で茹でると、すぐ食べてよいくらいにアクが抜けるのが不思議です。ものは試しと、塩を入れて茹でてみました。半日ほどたびたび水を取り替えてみましたが、苦味が残っていて食べられませんでした。そして、茹であがりの色も、つけ汁で茹でたほうが青く冴えました。せっかく青々と茹でたので、青いきれいなまま味付けをしたいと考え、味醂に塩を加えて煮立て、その煮汁にひたひたに浸けることにしています。水気は蕗自身がもっているので、味醂と塩だけでちょうどよい味になります。もしも蕗が堅い場合には、ちょっと火にかけます。一、二分煮ても色が変るようなことはありません。

山蕗は、水蕗とちがって真中が空洞でないため、煮汁につけてもしぼむこともなく、やわらかく、風味も豊かです。その他味醂と醬油の薄煮、辛煮もよく、筍との煮合せ、生揚げ、飛竜頭との付合せもよいものです。毎日食べつづけてもあきることがありません。都会のお客様方は、どなたもとてもとても喜んでくださいます。有難いことに、次から次へとたくましい若芽を出してくれるので、四月頃から七月の末まで食べつづけられるのは、このうえとない幸いと思っております。

蕗《ふき》の薹《とう》

栴檀《せんだん》の梢に黄色くぶら下った実を、鶫《つぐみ》、鵯《ひよどり》が、かわるがわるに止ってはついばんでいます。大きな実が鵯の喉をごくり通ってゆくのが、ガラス窓越しに見られるほど、静かな山ふところです。南を受けた土手には、移し植えた甘草《かんぞう》やつくしの下萌えが頭をもたげる気配を見せ、思いがけぬところに蕗の薹がふっくり開いて花をのぞかせています。あちらこちらの落葉の下から山うどが淡紫の芽を出すのも間近いでしょう。春の息吹きを感じると、なぜか口のほうもさっぱりしたものがほしくなり、根三つ葉がたくさんはいった高野豆腐のちらしずしが無性に食べたくなったりします。根三つ葉のおひたし、嫁菜、たんぽぽの胡麻よごし、青菜の辛子和え、蕗の薹や蕗の若葉で作る蕗味噌に食欲がひかされます。

蕗の薹

摘みたての新鮮な蕗の薹は、芯の堅い花のつぼみをのぞかせて苞を開いており、これを辛めの塩水で茹でますが、塩湯に入れた瞬間、蕗の薹全体に熱がゆきわたるようにするのがコツです。熱がゆきわたらない部分は黒くなります。水を二、三度とりかえて、アク出しをすませ、軽く絞って、酒、味醂、少量の塩を加えて、ころがし煮をすると、ほんのり薄味のついた、ほろ苦い薄みどり色の蕗の薹の煮ふくめができ上ります。嚙みしめると、香りと苦味が、すっきりと口の中を拭い去ってくれるかのようにすがすがしいものです。

摘んで時のたったものや、八百屋の店頭で求めたものは、三つくらいに縦に切って茹でると、くろずむのを防げます。芯の部分が汚い茶色になった場合は醬油と味醂で佃煮風に煮るか、細かくきざんで味噌と合せて火を通し、蕗味噌にすると、充分蕗のほろ苦味を楽しめます。

一番人気があって「これなんですか、とても美味しいものですね」といわれる蕗味噌の作り方。まず塩湯で蕗を茹でて水にさらし、堅く水気を絞って、とんとんと細かくきざみ、別に和くるみを摺り鉢で摺り、同量の田舎味噌を加え、味醂を加え、細かくした蕗の薹を混ぜ合せます。蕗の薹の分量は、くるみと味噌を合せたものと同量くらいがちょうどいいでしょう。とにかくやみつきになるほどの早春の香りと味です。

二、三枚出はじめた若い葉を摘んで煮びたしにしても、蕗の薹と同じ香りと苦味が楽しめます。はしりの蕗が一束五、六本で七十円もしては、とてもお惣菜には使えません。出盛りになるまで、こんな方法で醍醐味を味わうのも生活の知恵、と考えています。

食べられる野草

各地の花便りは、浮かれ出さずにはおられないような誘い言葉で、手を替え品を替えて呼びかけてきますが、いい気になって浮かれてもいられません。新学期を迎えて、学費の値上げ、運賃をはじめ諸物価高騰でよほど財布の紐を締めなければやってゆけそうにありません。手弁当で家族連れのハイキングが、安全で健康的な春の楽しみ方でしょう。摘み草なども春にしか味わえない、自然の豊かさを満喫する楽しみ方だと思います。

三月、四月は野菜の端境期にもあたります。摘み草の味を覚えて、庭の片隅に食べられる野草でも植えることを知ってはいかがでしょう。

節分明けに種播きした野菜が成育して市場に姿を現わすには、四、五十日はかかり、その間に冬野菜はとうが立ちはじめ、ビニール栽培のもので間をつなぐわけです。せいぜい亀戸大根、にら、わけぎ、辛子菜等で、蕗、根三つ葉、筍が出回りはじめても値も高く、食べ盛りの子供向きともいえません。春向きの野菜の出回りを待っていても、晩雪や晩霜、異常乾燥のたぐいで生産地の成育がはばまれれば、ご多分にもれず野菜高になるのがおきまりで、こうしたことが年々歳々繰返され、一番痛い思いをさせられるのが家庭の台所をあずかる私ども主婦たちです。

私はこの野菜端境期の切り抜け策として、戦中戦後の経験を生かした家庭菜園に加えて野草を愛好しています。土さえあれば育ってくれ、踏まれても、蹴られても、しっかり根を張ってたくましく育つ食べられる野草を、手当り次第可愛がってふやし育てています。草取りの小母さんたちは「あれは刈ってはいけない、これも抜いては駄目、といわれるので草取りに手間がかかるし、さっぱりきれいに見えない。怠けているようでいやだね。なにしろこの家は変な草まで食べるらしく、ほとんど八百屋の品は買わないようだ、こんな大きな家に住んでいなさるのに……。その草も抜くと叱られるよ」とまるでケチの権化のようなことをいいます。それで私は白玉をこねて、母子草（七草の一つで御形《おぎょう》ともいいます）をさっと茹でて細かくきざみ、叩いて混ぜて丸めて茹であげ、草入り白玉を作り、小豆餡《あずきあん》にまぶしてお八ツに出しました。

「やわらかくて匂いのよい草だんごですね、なんとまあ美味しいのでしょう。この草の色のみどりがいい色ですこと」と喜ぶやらほめるやら……。

「さっき抜かないで大切にしてと頼んだあの母子草のおだんごなのよ、今抜いて今作った新鮮そのもの、葉緑素入りで、公害なしの優良食品ですよ」

また翌日は、枸杞《くこ》と野蕗の葉を入れた菜めしを炊いて、のびるとわかめを酢味噌和えにしてお八ツに出しました。

「なんでも食べられるのですね。私たちもさっそく真似して作りましょう。こんな草は引っこ抜くものだとばかり思っていました」

「やっとわかりましたね。野菜は買うものとばかり考えていては駄目なのよ。端境期の八百屋は、とうの立ちかけたものばかりでしょう。菠薐草《ほうれんそう》は菠薐木だし、小松菜、春菊も根元をぶっつり切らなければこわくて食べられないでしょう。自然の野草が、みずみずしくやわらかいのをよく見てください！　今私たちが食べている野菜だって大昔の人たちが自生しているもののなかから畑で作ることを始めたと思います。はこべや、ぺんぺん草、嫁菜を畑で作ったなら、それが青菜として八百屋に売られたかもしれません。春の野草は香りが高く苦味があって、素晴しいではありませんか。お金を出したもののほうがいいと考えたら大間違いですよ。空気をお金で買うようになったらどうします！　水をお金で買うようになったので、水は汚れました。お天とう様の光や、雨や、風はただです。お金で買えるものには安っぽいものが多いのです。第一、人の心がお金で買えますか？　なかには売る人もあるけれど……」

と、同じモンペ、地下足袋姿でひとくさり……。見回すあちこちは、春の七草はじめ、たんぽぽ、嫁菜、三つ葉、つくし、蓬、甘草《かんぞう》、小豆菜、ととき、あざみ、つる菜、あした葉、枸杷、五加《うこぎ》、野蕗、山蕗、山うど、わらび、たらの芽、山椒などわが家の野草たちが陽光をいっぱい浴びて、たくましく春を讃えています。

芹、薺《なずな》、御形、はこべら、仏の座、すずな、すずしろ、これが七草、これらは前の年に芽を出して、がっちり根を張っています。

万葉の昔から若菜摘みは残雪の遠山をのぞみながら、「君がため春の野に出て若菜摘む……」とか、「籠《こ》もよ美籠持ちふくしもよみぶくし持ちこの岡に菜つます子」とうたわれているとおり、その自然は今も変らないでそのままあるではありませんか。変ったのは、若菜を摘むことを忘れ去った私たち人間です。

私は戦争という一世一代の修練に相逢うて乏しさのなかから自然を見直し、家族の命を守ろうとして野草を食べる目が開きました。乏しい配給などにすがってはいませんでした。生れて初めて土に立向って鍬、鎌、レーキ、ショベルを持ち、下肥をくみ、堆肥も積みました。作物が一人前になるようにと懸命に取組みました。アク抜き、乾燥、塩蔵も覚えました。蓬でだんごを丸め、餅をつき、ひたしもの、和えもの、揚げもの、漬物など数限りなく食べる工夫を覚え、とうとう薬草まで研究するようになりました。戦争の貧困のなかから、土と太陽の有難さを知り、命を守るすべを学び、死ぬ意味もわかりました。二度とあってはならない、再び繰返してはならない悲しみ、恐しさ、苦しさのなかから、たくさんの得がたい人生の生き方を学びました。野草のように、土と太陽さえあればたくましく根を張って、踏まれても、蹴られても生きてゆかれるように……。野草が好きで愛着を覚えるのは、こんな経験のたまものと感謝しています。

薺《なずな》　嫁菜《よめな》　蒲公英《たんぽぽ》　芹《せり》　土筆《つくし》　薊《あざみ》　小豆菜《あずきな》　枸杞《くこ》　五加《うこぎ》

なずな（ぺんぺん草）

若いうちに摘んで、とんとんときざんでお粥の中にパッと入れると、その香りのよいこと！　もりもり元気があふれます。からい塩水で茹でて、さらして胡麻和え、辛子和えにとてもいいものです。春菊や小松菜と混ぜて用いれば少しのなずなで事が足ります。一番しゃれて、スマートで、この世のものでないような天下一品の和えものは、なずなの花の辛子和えです。細かい粟粒のような花芽をつまみ、塩湯で茹で、水にさらして辛子和えにします。茎のみどり、真白い粒々の花、ひと箸口の中に入れると、口中にひろがるなずなの香り。私の大自慢の春菜の演出です。

嫁菜　たんぽぽ

嫁菜、たんぽぽは重曹を少量加えて、色とやわらかさに注意して茹であげます。幾度も水をとりかえてアクを出します。午前中に茹でたものがやっと夕食にアク出しが間に合うと知ってください。

嫁菜は、菜めし、おひたし、お清汁の青みに。一度茹でてよく水にさらして用います。おひたしにはお酒をたっぷり使いましょう。

たんぽぽは、若い葉は生のままサラダにして美味しいものです。塩湯で茹でるか、灰水で茹でてアクを出して、おひたし、胡麻和え、煮びたしによろしい、ことに根は精力素とか。根をおろし金でおろして、本胡麻油で炒めて、味噌を加えて炒め味噌にします。根を炒めた分量と同量の味噌を加え、好みによって味醂を加えます。砂糖は使わぬほうがよろしい。

また、嫁菜とたんぽぽに菜の花を混ぜて、胡麻よごしにしましょう。胡麻は、ごみや石を取り除いて、香ばしく煎り、ざっと摺って、味醂、酒、醬油を同量の割合で加えたもので和えます。胡麻の香ばしさと、酒の匂いと、嫁菜、たんぽぽの香りと、菜の花のふくらみのある味がとけ合って春の匂いが満喫できます。ただし、半摺りの胡麻で和えるところがいいので、ねとねとに摺った胡麻では重っくるしいことになります。この場合、胡麻の油や甘味は必要がなく、香ばしさだけがこれらの野草の風味の引立て役にほしいとお考えください。ひと口に胡麻和えといっても、相手によって摺り加減の工夫が求められるものがあるのをご理解ください。

芹

芹《せり》には水芹、岡芹、田芹がありますが、鎌倉の湿地には岡芹と水芹の合の子のような芹が自生しています。芹の歯ごたえと香りを私は男性的と感じるのですが……。茹ですぎると筋張るところなどまことに扱いにくいと思います。私は、芹のおひたしには辛子をほんのりきかせるようにしのばせるのです。最初から辛子和えとわかってはつまらないのです。噛みしめているうちに、おや辛味があるかな？　辛子かな？　と思わせるようにしたいのです。

つくし　あざみ　小豆菜　枸杞　うこぎ

つくしは、はかまを取って酢を加えた湯で茹でます。さらして、甘酢に漬けると美しいピンク色になります。平貝、小柱、みる貝、鳥貝等の辛子酢味噌の付合せ等まことに美しくて味のよいものです。鰆《さわら》や甘鯛の味噌漬等に添えればだれもが先につくしのほうに箸をのばすでしょう。

あざみは葉の芯が美味しいところです。茹でて芯のふちに葉を少し残して、とげの部分は切り捨てて煮びたしにします。言葉では表わせない春の美味しさです。私は大好きです。

小豆菜は山菜の女王様。二葉萩ともいいます。新芽を摘んで、おひたし、煮びたしにとても甘くて美味しいものです。私はもっぱらこれをそのまま素揚げにします。ガラスのように透き通って薄く、こぼれるようなみどり色の美しさ。口にのせるとハラハラッと破れる甘さ。ともかく自慢の揚げものです。

枸杞は、枸杞めしがあまりにも有名です。枸杞の若枝を十センチ長さに切って、水でよく洗い、枝ごと米と一緒に炊きあげ、食べる時に、枝を取りのぞいてご飯だけをいただきます。若葉の下茹でをして、炊きあがったご飯に混ぜ込まないのが枸杞めしのコツです。

五加《うこぎ》も、おひたし、和えもの、清汁の青み、唐揚げに美味しい山菜です。

韮《にら》

畠の愛嬌者の葱坊主が、心なし身をくねらせて立ち上る洒脱さには恐れ入るばかりです。絵心も歌心もないこの哀れさ。今からでもおそくはないと励まされながら、花より団子、そばの薬味にと、食べ残したわけぎを掘りあげるほうが今の私には忙しい。

春の葱はとう立ちが早くて使いものになりません。新玉葱にはまだ少し早い、こうした葱の端境期に自然のお恵みは素晴しいものを寄せてくださっています。冬にもめげず青々と、なよやかに伸び上っているのがにらです。

にら、にんにくは食べたあとの口の臭みが嫌われ、いやがられます。ごもっとも至極です。たまたま満員電車の中で、動きのとれない時など「まあ臭い」「失礼な」と思いながら、この人、今朝のサラダかな、昨夜《ゆうべ》食べた朝鮮漬かな、滋養のための丸焼きかな、私だって昨夜にんにくを挟んだビフテキを食べたんだから人様のことはいわれないが、梅干の種をしゃぶれば臭みは消えるのに、彼女にだって嫌われてしまうよ、と心のなかで小言のいいつづけです。でも、にらはにんにくほどではありません。ご安心なさってください。

朝の味噌汁の豆腐がひらひらと浮き上る瞬間、きざんだにらをひと握りほうり込んで、煮立ちばなに七味をふって召し上ってみてください。急に元気がみなぎるようです。にらの卵とじ汁も風味がよく、手軽で好きなお汁のひとつですが、にらのおひたしもまた格別美味しいのをご存じですか。

にらをさっと茹でて、すぐ笊《ざる》にとり、食べよい長さに切ります。おろし生姜に醬油をさして少量の酒を加え、砂糖を加えます。砂糖の甘味が加わるのがにらのおひたしに必要なことで、ただそれだけです。よく混ぜ合せてください。また、ハンバーグに玉葱代りに用いるのもよく、魚だんごに入れるのもまた乙です。

鰯か宗太鰹《そうだ》のすり身四〇〇グラムに、おろし生姜とともに味噌をすり身の十分の一、卵二個を加えてよく摺り、油で揚げます。あつあつを大根おろしでいただくのもよし、煮物にしてもよく、甘酢餡かけになさればお子様向きです。

にら粥は下痢の妙薬といわれておるのをご存じでしょうか。お粥は土鍋でお米から炊きます。九分どおり煮えた時ににらをたくさん入れ、塩を少々加え、さらにやわらかく炊き上げます。たいていの下痢がにらの粥で止ります。

ある年の春、娘が無性ににらレバーが食べたいと申しました。早速作ってやりますと、美味しい美味しいといいながらいつになくたくさん食べました。翌朝にらレバーのお蔭で体がシャンとしたと申しておりましたが、別に気にも止めませんでした。ところが、二、三日してお医者様に伺った折にこの話をしましたら「それは素晴しいことです。実は差し上げようと思った薬が同じ成分の薬です。そんなよい食べものを自然に要求されるなら、それにこしたことはありません。お薬はいらないでしょう」と申されたと話してくれました。

にらレバーとはにらとレバーの炒めものです。肝は牛、豚どちらでも、犢《こうし》ならなおよろしい。鶏の肝も食べやすくて美味しいです。肝二〇〇グラムににら大束一束、にんにくのみじん切り、生姜みじん切りともに小匙山一杯。鶏の肝なら食べよい大きさに、牛、豚、犢は薄く切り、血抜きをして細かく切る。水気をきって醬油大匙三、酒大匙一、にんにく、生姜を合せた汁に三十分漬けます。鍋を強火にかけ油大匙二で肝を手早く炒めて直ちに取り出し、さらに大匙二杯の油を加え、よく水気をきったにらを手早く炒め、先に炒めた肝をもどして塩、胡椒を加えてでき上りです。食卓の用意ができてから炒めはじめます。五分くらいでできます。手早く、水気を出さないようにするのがコツです。

木の芽田楽《でんがく》

神田に生れて神田に育った私は、大正初年頃の神田橋、須田町から九段あたりの想い出は尽きません。木の芽時は、豆腐屋が焼きたての、ほかほかの木の芽田楽を配達したものです。塗り箱で、竹串に刺されて、甘い練り味噌がぽってりと、とき辛子がツゥンと鼻に抜けるのがこのうえなく小気味よくて好きでした。ふんわりと焼き上った豆腐と木の芽味噌の出会い、この季節がくるとどうしても食べずにおられぬものの一つです。

木の芽味噌は、西京味噌に水と味醂を加えて練りあげ、湯引いた木の芽を摺って混ぜ合せます。信州、仙台味噌は砂糖も加えます。私は、酒、味醂、砂糖、水を調合して弱火で練りあげ、練り味噌を常時作っておき、木の芽、辛子、胡麻など用途に応じて混ぜることにしています。

身欠き鰊にも、この木の芽味噌がとてもよく合います。鰊は灰汁に二日ほど浸けると渋味が抜け、なければ米のとぎ汁でもよろしい。たびたび水を替えます。真水で洗い直しながら汚れやうろこを取り除き、三つくらいに切って酒に三十分ほど漬けてから焼きあげ、練り味噌を塗って田楽にします。木の芽か粉山椒をふってください。

根三つ葉

みずみずしい、すんなりのびた根三つ葉が八百屋の店先に出はじめました。八重桜も散り、やわらかい桜の若葉を摘み取って塩漬にして来年の桜餅のための用意を始めなければならない時です。年ごとに目に見える野菜の値上りで、冬の間の切り三つ葉などはお客様にしか使えない高嶺の花となりました。買いやすい値段の根三つ葉が出まわるのをひとしお待ちわびています。

切り三つ葉はもやし作りで、軟化させた美しい軸は肌理《きめ》も葉先もなよやかで、その風情を箱入娘にたとえれば、根三つ葉は元気あふれるお転婆娘といいましょうか。はち切れるようなたくましさで、香りも高く、歯ごたえもよく、三つ葉を青菜としてモリモリ食べるにもふさわしいものです。

糸三つ葉が最近八百屋に姿を見せなくなりましたが、三つ葉の苗といいましょうか、真青で細く夏から秋口にかけての三つ葉です。

切り三つ葉とともにお吸物、茶碗蒸し、鍋物等に用いますが、これはあくまでもワキ役として、色どりや、香りを添えるために、上品に取り扱われるのにふさわしいものです。それにひきかえ、根三つ葉はそのものずばりをおしげなく食べられる、春を呼ぶ味です。

根元の白い茎を二センチほど残して根をザックリ切り落して、軸だけをよく洗います。根三つ葉の掃除は手間がかかります。霜焼けした枯葉や、根元のゴミを丁寧に取りのぞかなければならないからです。切り落した根は土にいけておくと、いつの間にか新芽を出します。花が咲き、実を結び、種がこぼれると初秋に可愛い三つ葉の芽がたくさん萌え出ます。青みにするくらいの三つ葉には事を欠かない重宝さを知ることができます。また、太い根は油炒めにして、甘辛煮にすると風味のよい三つ葉の根の金ぴら煮ができます。

三つ葉は、グラグラの熱湯にひとつまみの塩を加えて、右から左へさあっと湯の中をくぐらせるような心づもりで茹で上げましょう。決してクタクタに茹でてはいけません。いつもおもしろく不思議に思うのは、根三つ葉に限って熱湯にくぐらせると、プチップチッとはぜるような音がすることです。根三つ葉にある節と節との間の空気が急に膨張して破裂するからなのでしょうか。

茹でた三つ葉は素早く冷水に取って、水が完全に水温に達するまで冷やしてください。水から取り上げ二センチくらいの長さにザクザクと切り、ほどよく水気を絞ります。このほどよさが、いわくいい難しで、つまり、水気が絞り足らなければ、おひたしが水っぽく、絞りすぎれば筋ばって、三つ葉の香りも、茎の味も台無しになります。三つ葉を生かすも殺すもこのほどのよさが決め手になり、こんなことが味以前の味であり、基礎であり、コツというのでしょうか。酒と醬油を等分に合せたかけ汁をかけ、花かつおを盛りつけます。根三つ葉の匂いと、酒の香りがうっすらとけ合って春のひたしものの一級品と申せましょう。

新海苔と出盛りの卵の厚焼、椎茸の甘煮、根三つ葉を思う存分たっぷり使った太巻の海苔巻。卵焼と椎茸と根三つ葉の出会いのよさ。生臭みなしの春先の精進の海苔巻の美味しさはまた格別で、三つ葉の香りにつられて、パックリパックリ思わず食べすぎて後でお腹をさすらなければなりません。

もう一つお精進のバラずしがあります。

根三つ葉、蕗、さやえんどう、椎茸、筍、やわらかい木の芽、錦糸卵、合せ酢には出はじめの酸味の強い夏みかんを用います。

成長ホルモンの萌え出す若菜、みかん酢を混ぜ合せたバラずし、えもいわれぬ香わしい風味は、盛りの春の味として充分満足していただけると思います。

若鶏の笹身を酒で霜ふりにして薄めに庖丁して、根三つ葉のザクザクとのわさび和えも乙なものです。天盛りの海苔は香り高く焼いてください。味付海苔等をふりかけられては三つ葉が泣くでしょう。わさびも、本物のわさびであることが望ましいのは申すに及びません。洗う、茹でる、切る、絞る、などをたいしたことでないと思うのはたいへんな考え違いです。みずみずしさ、しゃりっとした歯ごたえ、そして香り、これらの持味を失わぬため、間髪を入れぬ鍋手前に寸分の油断があってもなりません。根三つ葉はこうしたことを学ぶために、とてもいい素材だと思います。

筍《たけのこ》

鎌倉に移り住んで思わぬ拾いものをしたことの一つに筍があります。春のある朝、裏のお家から掘りたての筍を土だらけの手で抱えて届けていただきました。嬉しさとおどろきの声をあげながら、取る手もおそしとひと皮だけむいて、時間をかけてゆっくりと茹でてむらし、厚い輪切にして鰹節、昆布をふんぱつして、じっくり煮ふくめて黄瀬戸の大鉢に盛り、庭の山椒の若芽を枝付のままスパーッと切って添えました。ひと口、口に入れた時の素晴しさ、鎌倉でこんな嬉しさに逢えるとは思ってもいなかっただけに大感激でした。

こんなこととは露知らず、整地の時、孟宗がじゃまだったので、東北の隅においやってしまいました。しかも、芝生や花壇に根を張られてはと念を入れて地面深くコンクリートの壁を作り、そのうえ海草類を埋めました。かねて竹類の根のはびこるのを防ぐには昆布類がよいときいていたからです。隣りの竹をこちらに呼びたい時は馬の蹄を埋めると、道を越してもこちらへ出るともきいています。竹を引込めるのも出すのも自由自在なんだそうですよと皆さんに吹聴していた矢先、裏山の筍にお目見えをして、この時ばかりは、シマッタと思いました。早とちりの浅はかさ、今さらくやしがってもどうしようもありません。さいわい近々庭の模様替えをするので、その時こそ筍畑をと、とらぬ狸のなんとやら、京都の筍の風味には遠く及びはせぬとは知りながら、よしそれが鎌倉産であれわが家の筍であればまた格別であろうなど、三、四年先のたのしみを胸にえがいて堆肥造りに精を出しました。最初は七、八本だったのに、今は三十本余りの竹藪になって、さやさやと太陽の光がゆれる場所では椎茸のほだ木が綾に組まれて、春と秋の二回はムクムクと椎茸もなるようになりました。先年マキシムのペニヨ家族をお花見に招き、筍を四センチくらいの厚さに切ってひと抱えもある大皿に盛り合せて供しました。"Bambou!"と、とてもとても喜び、ことのほか奥様が、日本の家庭に招かれたことがなかったらしく、喜びながら、私たちの口によく合うといってくれました。それにしても、どうして竹をこのようにやわらかく煮るのかまことに不思議で仕方ない、何か特別の方法があるのかと興味深くたずねたので、早速竹藪に連れて行き、竹の子の芽、つまり赤ちゃんだと教えました。土から頭をもたげたもの、四、五センチのびたもの、若竹になりかけて皮が落ちはじめたもの、最後に地割れの場所を掘らせてあげました。「なるほどなるほど、これでなぞがとけました、どうしてあの堅い竹がやわらかく煮えるのかと……。ほんとうにありがとう」と喜んでくれました。異国の食べものの疑問を、発生から結果まで解決する喜びはだれとても同じです。私もともにその日は愉快でした。

掘りたてでも関東筍は、糠と赤唐辛子を加えて最低四、五時間は茹でつづけ、むらしてから味をつけなければなりません。昆布、鰹節、味醂、酒をたっぷり使って薄味で煮ふくめてひと晩おき、翌日暖め直すと、やっとどうやら人様に召し上っていただけるようになります。

筍の絹皮、先のほうのやわらかい部分を薄切りにして新わかめと合せての若竹汁は、一年のうちに四月五月にだけしか味わうことのできない季節感にあふれたお清汁です。もちろん味噌汁にも結構。また、筍の薄煮の天ぷら、照り焼もちょっと目先の変ってよろしいものです。

なんといっても木の芽和えです。あおりいか、すみいかの湯引に木の芽味噌との出会い、これを食べないと端午の節句がこない、といえるようなものです。鶏肉を入れて筍めしを炊くのも美味しく、油揚を使っても、よく味がなじみます。蕗、さやえんどう、根三つ葉、木の芽を使い、酢は夏みかんを絞って作る春のちらしずしは、私がくる年もくる年も作る春のおすしの代表的なものの一つです。

昆布《こんぶ》　若布《わかめ》　海髪《うご》　天草《てんぐさ》　荒布《あらめ》　鹿尾菜《ひじき》

四面海に囲まれた島国の祖先が、食生活のなかに海草のいろいろを取り入れた知恵は、さすがと、使うたびに、この知恵をおろそかにしては申しわけがないと思うばかりです。日常食べ慣れているものをあげてみるだけでも、ずいぶん盛だくさんです。

　昆布、わかめ、ひじき、あらめ、天草（ところ天、寒天）、海苔、青海苔、もずく、うご、とさかのり、石蓴《あおさ》等々その他海辺の磯に私たちが見たことも、食べたこともない珍しいものがある由です。「ちょこちょこと磯に出て摘んできて、煮立っている味噌汁の中に入れると、パッと青くなって、とってもいい匂いがして美味しいのですよ、食べさせてあげたいです」と島根の海辺で育ったお手伝いさんが目を輝かしながら名も知らぬ海草《うみくさ》を語っては、私をうらやましがらせ、なにしろ日ノ御碕は御神事がわかめ刈りですから……海はきれいだし、燈台は日本一高いし、うみねこの島はあるし、大山は素晴しいし、出雲大社は近いし……と、私たちの心が日ノ御碕にひきつけられるようなことばかりを、故郷を想い出してはきかせてくれるので、いつの日にか、そのパッと色の変る、いい匂いの海草のお味噌汁をきっと食べに行きたいと念じざるをえません。

　海草の一つ一つを取りあげて、日頃お世話様になっていることのおさらいをしてみましょう。

昆布

　語呂のためか、栄養価のゆえか、昔から喜び事には必ずよろこんぶとつるび合せ、御結納、御婚礼には字に表わして、目録として用いますが、丁寧なところでは本物を揃えるしきたりが今も残っております。それはグルタミン酸や、ヨードを多量にふくんでいる栄養素によるものと、私は考えています。鰹節、これも結婚のお喜びには欠かせません。鰹節は良質の蛋白源であり、カルシュームをふくんだいい食べものだからです。つまり、これらのよい食べものを欠かさず食べて健康で幸福な家庭をお築きなさいとの心あっての教えにほかなりません。形式的に流れて本物の代りに字で表わすようなことになったため、「馬鹿馬鹿しい、書いたものなど」といわれるのです。一本の昆布、ひとふしの鰹節でも本物にして、食生活の重要なことを、新世帯の持ちはじめに、まわりの大人たちが話し伝えるならば、初心忘るべからずでよい伝統と食の知恵の歴史が語りつがれるのではないでしょうか？　レッテルだけの中身抜きではこれからの若い人は承知するはずがありません。レッテルよりも中身を知らせる大人が一人でも多くと、声を大にして叫んでいる私です。

昆布は、日本近海と申しても北海道周辺の海にしかとれません。昆布は、煮昆布と出汁《だし》昆布に大別されていて、オホーツク海をのぞむ日本海側の利尻、礼文島方面のものを利尻昆布といっています。根室地方もいい昆布が量産されます。各地、各所のデパートなどで、十一月末から十二月上旬にかけて北海道物産展が催されます。よく目で確かめて求めましょう。宣伝掛声がとかく前向きの商法が多くなりました。掛声に引っかき回されないように良質の品を選びましょう。消費物価が高い世の中です。お金を大切に使うことは、物を大切に使うのと同じです。年末のお手当が出たからとて財布の紐はきっちりしめて、堅実な買物をしましょう。胴紐（昆布の大束を結ぶ紐）は等級によって色別がなされています。胴紐の青が一級品です。昆布の束のなかから黒いむっちりした厚めのものを選ぶのです。重みのあるほうがよろしい。肉質が薄く両側が少し黄ばんだのはさけましょう。

昆布は海の草です。海を陸に置き替えてみませんか？　畑の白菜、キャベツは、外側の葉は大きいけれど、堅くて、そのもののうまみに欠けていましょう？　白菜やキャベツのおいしい部分はどこか？　それと同じようなことが昆布にもいえるのではないでしょうか。わかめはさしずめ、小松菜かほうれん草、ひじきは、わらびかぜんまいかしら、などと考えるとおもしろくなります。

昆布には出汁用と、煮物用の二種があります。つまり煮物用の昆布では出汁が思うように取れないし、出汁用の昆布は煮ても美味しくないものとお知りください。

山出昆布――これが最高の昆布です。幅が広く肉が厚くて、煮ても出汁を取っても最高です。日常の台所使いとしては値も張ります。女物の帯のように幅広くて長い山出昆布をひろげる時、ほれぼれと見とれてしまいます。海の中でゆらゆら動いているさまはどんなに見事だろうと思いながら、両端の部分は煮たり出汁を取ったりし、真中の厚い部分は一センチ幅の長さに切って、瓶におさめ、口が淋しい時、一、二枚食べたり、外出の折はハンドバッグにしのばせます。鎌倉から東京までに二枚モグモグすればつかれがちがいます。ハンドバッグにもう一つしのばせるのは梅干の種です。梅干を裏ごしにするので種がたくさん残ります。したがって種はしゃぶり専門にしています。梅干種のあめ玉、昆布のガム、ここまでへそ曲りになったのが年の功、亀の甲で、年はただ取っていないといえばいやなバアサンといわれそうです。

日高煮昆布は、肉質がやわらかく、煮れば煮るほど味のいい昆布です。昆布巻、佃煮に最適な昆布です。

産地が北海道であるのに、昆布の老舗が、関東を飛び越えて関西にあるのはどうしたわけでしょう。

昆布出汁の取り方

昆布のよいものは砂などほとんど付いていません。表面の白い、塩のようなものは大切な養分とうまみです。決して水で洗ったりしてはいけません。乾いたふきんで砂と思われる部分だけをふきます。

約一リットルの水に、幅五センチ長さ一〇センチくらいのものを二本入れ、冬なら四、五時間、夏なら二、三時間浸けます。昆布には二センチくらいの切り目をつけてください。

水の中で昆布はやわらかく、ゆったりとのびて、汁を試食すると、なんともいえないうま味がしていれば上等です。昆布を引き上げると昆布のぬめりがとろりと、糸を引くような状態であるはずです。これが昆布の一番出汁、お吸物や煮物の土台になるものです。

この昆布水を鍋に移して火にかけます。沸騰直前、鍋の底から気泡が立ちはじめて、出汁がぐらっとゆれる寸前、鰹節を加えます。鰹節が鍋の中に散って沈みかけますが、沈まずに盛り上るように浮き上ったら、直ちに火を止めます。

ひとつまみの塩を投げ入れ、鰹節が底に落着くのを待って静かに上澄みをこします。これが昆布と鰹節の一番出汁です。

昆布と鰹節を引いたものを合せ、二分の一リットル強の水を加え、水から煮立て二、三分コトコト煮つめると二番出汁が引けます。

出汁昆布、煮昆布を色紙または、短冊に切って、ぬるい油でゆっくり揚げ、揚げ昆布にして召し上ってください。甘いものだらけのお菓子より、どんなに美味しいか、そして栄養もあり、第一公害のない手作りのお三時です。子供だけではありません、お年寄も大好きです。お酒のおつまみにも好評です。くれぐれもぬるい油で揚げることです。

わかめ

これは日本の海岸線のほとんどどこにも自生しています。鳴門の糸わかめは潮の流れにもまれて、細いので有名ですが、あと二、三年もたつと、鳴門大橋がかけられるのでいかがなことになりましょうか。江ノ島、鎌倉も良質のわかめがとれましたが、オリンピックのヨットハーバーを造成の時、セメントのアクをきらってかわかめが生えなくなりました。やっと最近育ちはじめましたが、今度は海水の汚染で得体の知れぬミシン糸より細い網目の変な物がへばりついて、がっかりです。各地で養殖わかめが大流行ですが、どんなものでしょう。もっぱら日ノ御碕のめのはを愛好しています。ハトロン紙に包んで、ぶ厚いお鍋をごくごくの蛍火にして、ときどき返しながら気長にあぶります。細かくもんで、めのはご飯にして、食べつづけます。昔は海苔を上手に焼くことから仕込まれて、焼きたての香り高い海苔に、ちょっとお醤油をつけてご飯をくるんで食べたのですが、今は昔のような海苔をさがすだけで大変なので、寒の生海苔を、味醂と醤油で煮て海苔の香りを楽しむことにしています。

若布《めのは》のちょっと漬け

めのはをはさみでちょんちょん細かく切ります（カップ一杯）。花かつおカップ一杯、酒、醤油同量と砂糖大さじ二、三杯を合せて、花かつおがびしょびしょになるくらい加え、めのはと混ぜ合せ、くるみをきざんで二分の一カップをふり込み、よく混ぜ、温かいご飯、おむすびに、お酒のおつまみに最高です。

お味噌汁に、わかめとお豆腐、わかめとじゃがいも等はご存じのとおり。春の筍の季節に筍の絹皮とわかめの木の芽の若竹汁はお精進のお清汁の白眉でしょう。

新わかめに小柱、青柳、平貝、鳥貝、みる貝、浅葱《あさつき》を取合せのお作りや酢のもの、さては西京味噌との酢味噌和え、白髪うどとの配合の美しさとうまさはわかめなしでは生れない味です。ずっとくだけて、むき身のからいりに、わけぎとわかめのぬた、辛子をきかせて小鉢盛りに……、またわかめとうどの胡麻味噌和えなど、いつ、だれでもが食べられるお惣菜ですし、わかめの二杯酢、もずくの二杯酢はともにお酒好きの喜ぶもの。おろし生姜、露生姜、針生姜の香りなくては、なんのわかめの二杯酢やらというものです。

うご　天草　あらめ　ひじき

うごは、さしみのつまになくてはならぬものです。暮から春先までの鮪《まぐろ》の刺身のつまは、大根のかつらむきと相場がきまっていますが、春ともなって本鮪がめかじきにくら替えになるとつまもうごに替ります。春の大根は不味になり、鮪も血がにじみ出るようになるともう時季はずれで美味しくありません。本鮪に代ってかじき鮪が日本近海に周遊しはじめる春先は、海からうごがとれるという寸法です。自然の移り変りを、天然の配合よろしきを得たこの知恵。現代の私どもは、口ではとやかくうるさいことを並べたて、やれフランス料理とか、イタリーは中国はとひととおり通《つう》ぶりますが、日本の本来の食べものの知恵が子孫に残せるのでしょうか。加工合成化学食品であっては、いかがなことになりましょうか?

天草がところ天になり、寒天になるのはご存じですか?

天草を取ったまま干しあげたものを煮出して飲むのは、動脈のよごれを取る妙薬です。中年以上の老化現象、血圧、心臓の不調が来たしたら、だまされたと思って、天草をせんじて召し上ってみてください。ひとつまみの天草を三合くらいの水で煮出して、湯のみに一日に一杯半も召し上れば充分です。

ところ天を冷たくして、酢、醬油でとき辛子を添えて、ツルツルと召し上るのは、盛夏の候には忘れられぬ味で、お客様にも喜ばれます。寒天は、みつ豆、水羊かん、練羊かん、金玉糖など和菓子に欠くことのできない材料の一つです。

黒みつに杏の甘煮、牛皮に赤えんどう、昔ながらのみつ豆は愛好者も多く、海草を食べこなす素晴しい方法です。九州福岡では、オキュートといって、海草を平たく流したものを、毎朝売り歩くときき、わざわざ食べに出かけました。みどりがかった灰色で、こんにゃくとところ天を混ぜて固めたようなブルブルした感触で、完全な海草の味でした。胡麻入りの合せ酢がよくつり合って美味しゅうございました。

あらめ、ひじきは油揚と煮合せると常備のおかずで、日本人ならだれでもたやすく作って、気軽に食べられる、体内老廃物追い出し食と考えてよいでしょう。薄味で下煮して、白和えにするのもまたよろしいものです。こんなあたりまえのお煮付がマイホームでは食べられなくなったので、旦那様族はバーや飲屋で召し上るとか、長生きをしているお蔭で、いろいろと珍しいことをきかせていただきます。

海草類は美容食とでも申し上げれば再認識をしていただけるでしょうか。立派な美容食です。外国の女性たちは、若いうちはスマートで曲線美がありますが、三十歳の声をきくとそろそろ体の型がなくなると申します。それにひきかえ、日本女性はいつまでも体の型があるので羨しい、どうしてか、何を食べるのかときかれます。昆布やわかめやひじきが、蔭のお役に立っているのかもしれません。

幸いなことに海草類はどれも完全な乾物品で長期保存もききます。水にもどせばすぐ元の姿にかえってくれます。祖先の残しておかれた知恵を十二分に生かそうではありませんか。

蛤《はまぐり》　浅蜊《あさり》　蜆《しじみ》　赤貝《あかがい》　平貝《たいらがい》　水松貝《みるがい》

貝合せの優雅な遊びをご存じですか？　貝桶の中に黄金の絵巻模様で四季の花鳥、風景、行事等が色もあやに描かれて納まっています。蛤の大きなものを磨きあげて貝の内側に描いたものです。貝のおとがいはまことに不思議で、どれ一つとっても、小さくても、大きくても、蛤だけではなく、あさり、しじみ貝にいたるまで全部異なるのです。合せ貝（二枚貝）のおとがいは、その一組しか決して嚙み合いません。貝の表面の模様も一つ一つが全部異なり、それをながめていると造化の妙なるを讃美せずにおられません。ちょうど人間の顔に、目が二つ鼻が一つ口も一つ耳が二つあるのに三十六億の人間の顔が同じでないと一緒です。

　ご婚礼のお祝いに蛤が供せられるのは、二枚の貝がきっちり嚙み合って一つになる、離ればなれにはなってはいけませんよ、とのことわりに連なるからではないでしょうか？

蛤　あさり　しじみ

蛤、あさり、しじみは、お清汁にしたり味噌汁にする以前に砂のはかせ方が一番気にかかることです。塩を一つまみとか水はひたひたとか庖丁をさし込むとか、いろいろいいますが、それとて一抹の不安が伴います。なにより確かなのは目ではっきり見きわめることです。貝の表面をごしごし洗うのはご存じですね。しじみはことさらよく洗ってください。貝の倍以上の水を加えて、中火で煮立てましょう。貝の口が開きます。口の開かないものは死んだ貝なので取りのぞきます。すぐ火を止めて、砂のあるなしを目で見ましょう。貝から身をはずさぬように注意して、貝と汁を分けます。茹汁の底に必ず砂がありましょう。静かに上澄みを別にし、それを出汁のもとにして人数分の吸物に仕立てあげれば、砂をかむ思いをしなくてもすむというものです。味付けは塩味でととのえます。醤油くさいお清汁では駄目です。お酒を加えるのは大変いいことで、貝と酒は相性のものです。木の芽、花山椒、粉山椒、へぎゆずを忘れないこと。味噌汁にはとき辛子もまた乙なものとご承知ください。

赤貝、平貝、青柳、貝柱、みる貝、鳥貝、むき身、牡蠣《かき》、鮑《あわび》、さざえ、床ぶし、バイ、螺《つぶ》等が日頃食べ慣れている貝です。見て美しく食べてやわらかく、美味しいのは赤貝、平貝、青柳、貝柱、みる貝、鳥貝で、女らしい貝です。お雛様に召し上るにふさわしい貝たちじゃあないでしょうか。

赤貝

赤貝のおもしろさを知っていますか。本場と場違いがあるのですよ。まあ、たいていのものが本場と場違いがありますが、赤貝はそれと見てわかるのがおもしろいのです。第一、色の鮮明さが違います。第一、血の色まで違うのですよ。そして本場の赤貝は一本毛が生えているのをしています。サーモンピンクに光り輝いているのが本場もの、場違いは少々ババ色です。こんなことまで皆さんしらべていますか？　なんのかんのときききかじりの講釈はなかなか達者ですが、血の色の見分け、ひげの生え方がどうだか知っていますか。知らないで威張ったって駄目、年寄はやかましい、口うるさい、旧式だ、なんていったって、ヘエさようで、なんて引き下ったりはしませんよ。旧式は悪くて新式ならいいんですか。本物と偽物との違いをいっているのです。世の中全体が本物を尊しとしない精神が横行しすぎて、ハッとわれに返った時は、本物が消えてなくなり、元にもどそうにももどせなくなってしまったのが今の生活状態といってはいいすぎでしょうか？

赤貝一つ、こんな小さなもの一つも知らないのですよ。第一若い魚屋さんが知りません。昔者の正直な魚屋さんや一流の料亭の板前さんくらいしか知らないのが現状です。戦前は長屋のおかみさんだって、「今日は江戸前の赤貝があったからお酢のものにしたよ、わさびをきかせたから熱カンで一パイお上りよ」てな調子で旦那様をねぎらったものです。

本場か場違いか見分けもつかないまま、かぶりつきにどっかと腰をかけ、「おあと何にしましょうか？」「赤貝！」「生きがようござんすよ」とまな板にぶつけるとちょっと動き、庖丁の根元でちょんちょん切り目を入れるとはぜます。生きがよければですが、少々鮮度落ちしていても赤貝の筋に直角に庖丁目を入れればたいてい切り目は笑います。ぐんなりたれ下った赤貝など食べたら命取りになりかねません。

赤貝の赤と新わかめのみどり、真白いうどの配合の美しさ、やんわりした三杯酢をかけて、わさびをあしらっていただく楽しさ。青柳、貝柱も同じように取り扱いましょう。また、西京甘味噌を味醂と酢でとろりと、とき辛子を少ししのばせて、酢味噌でいただくのも春の味です。概して、魚類の調理の下ごしらえに、ゆず、レモンを用いると、すっきりします。ことに貝に用いる酢は柑橘類の酸味が何よりしっくり合うとお考えになれば、それだけで腕前が上ったことになります。

平貝　みる貝

平貝の乳白に透き通った刺身の甘さ、やわらかさ。桜鯛との作り合せなど最高でしょう。

みる貝は見た目にはまことにグロテスクで、あんなきたない皮の中に、あんな繊細な身がはいっているとは考えられません。熱湯につけると、あのきたない皮はたやすくむけます。平貝、青柳等と同じように取り扱えばいいのです。みる貝のわたは、真白で大きいものです。

そのわたを二つ切りにしてフライにして召し上ってください。貝類はグリコーゲン、カルシユームをふくんでいますから、春のしゅんにたくさん召し上ってください。

それにしても、近頃の貝の情けないこと。貝のままの平貝は特に注文しなければ手にはいりませんし、青柳にしても、ご親切にわたがとってありますが、私には有難迷惑でしかありません。工場発展にともない、沿岸の海水の汚染によってか、最近は貝類の品質は低下し、中毒事件など困った問題が起きています。美しい海水や淡水で成育した、昔のように美味しい貝を、安心して食べられるような時代を呼びもどしたいものだとつくづく思います。

栄螺《さざえ》

〽いやだいやだよハイカラさんはいやだ
頭の真中にさざえのつぼやき　なんて間《ま》がいいんでしょう

どうしてどうして大したものです。香ばしい磯の香をそのまま蒔絵の膳にのせても、ぴったりと風格のあるのは不思議です。角足ですっくと踏まえた風情のおもしろさ。壺焼の中身に、ごてしちと具のはいったのはちょっと困ります。せいぜい三つ葉くらいです。出汁加減は吸物の程度に、酒をきかせることは貝類には共通と申されましょう。

殻からは生のまま取りはずします。それにはまず殻をふせて暗いところに置きます。うず巻の蓋をつけて貝があたりの様子を見るのか遊びに出るのか、首をのばして顔を出します。そこを、静かに静かに持ち上げて角度を決めて、間髪を入れず、うず巻の蓋を切り取って離すのです。取りそこねたら南無三、蓋をきっちり閉めて動かばこそ、あきらめるよりほかありません。うず巻の蓋がはずれればもうこちらのもの、指先で身を引き出せます。わたを引き出すつもりで、殻の向きに合せて抜きます。

先端のくるりと巻いたわたが珍味です。生身を適当に庖丁して、三つ葉とともに殻に収め、酒を三割加えた水に醤油を一、二滴たらした出汁を注いで直火で一気に焼きあげ、ひと吹きしたら火からおろします。お皿に粗塩を敷き、和紙を敷いて、ぶつぶつと煮立っている壺焼をのせてすすめます。塩と和紙によって、皿にすわりもよく、器に傷もつきません。

春の和《あ》えもの

ひな祭りの向付《むこうづけ》は貝の酢味噌がおきまりで、貝柱、青柳、平貝、みる貝など、子供向きにやわらかくて可愛らしい色どりの貝づくしに、新わかめにわけぎ、浅葱《あさつき》を取り合せて、白味噌のなんどりした酢味噌をとろりとかけたのや、あるいは混ぜ合せてぬたにするのです。女の子らしい、美しい和えもののためにと、古伊万里の深向うを使うのが長年のわが家の習慣です。鮪のとろや、魬《はまち》の刺身に、わさび醤油をとっぷりつけて、ぱっくり口にほうり込み「わさびがきいたか目に涙」といった、荒っぽい食べ方ではなく、箸を持つ手先ものやさしく、箸をつけるにはもったいないような気持で、見て楽しみ、味わって楽しむことになるのが和えものの雰囲気とでもいうのでしょうか。

貝柱、青柳、ともに薄い塩水で洗い、水気をよくきります。平貝はできるなら貝殻にはいったものを使っていただきたいのです。たいていの魚屋さんは、運送の関係とかなんとかいって、殻からはずしたものを置きますが、殻つきのほうが新鮮で、衛生的です。貝類を生のまま食べるには、第一条件として、新鮮度が要求されなくてはなりません。鮮度の悪い貝類の食中毒は命にかかわりますから、くれぐれもご注意ください。

わかめは水にもどして、食べやすい大きさに切りますが、べたべたにならぬように、張りのあるやわらかさにもどすのが肝要です。わけぎは、鍋にたっぷりの湯をたぎらせ塩少々加えて、根元の白い部分をたばね持って右から入れて熱湯の中をくぐらせ、左へと引き上げて盆笊に取り上げます。余熱でむっくり、わけぎに熱が通ります。さめてから二、三センチに切ります。わけぎ、葱、浅葱、のびるなどを茹でるには、いつもこうした調子で火を通します。西京味噌に味醂、酢を加えて摺り合せ、辛子を添えれば大人の食べもの、子供はなくてもよろしいのです。

ふだん用の酢味噌和え、つまりぬたには、鮪、魬、そして鯖、鰯、鰺は酢〆、小蛤、むき身のから炒りなども、たいへんいいものです。青背の魚やむき身を使う時は、味噌は西京味噌でなく、田舎味噌のほうがしっくり合います。味醂あるいは酒に少量の砂糖を加え、酢でのばします。ぬたには必ずとき辛子を添えるのを忘れないでください。

白髪うどを天盛りにして、その上に辛子を落せば、召し上るほうでも辛子のあるなしがはっきりわかります。田舎味噌のぬたにとき辛子を添えましたら、お客様が辛子の部分をそれと知らずにぱっくり召し上り、目を白黒されたのには、こちらも目をパチクリ。それ以来、とき辛子はそれとすぐ目につくように、工夫することにいたしました。私の失敗の巻です。

三月の声をきくとうども買いやすい値段になります。うどの胡麻和えは胡瓜の胡麻酢和えとともにだれにも喜ばれます。うどの皮は思いきって厚くむきましょう。歯ごたえのあるように、太めのマッチ棒くらいに切り、少量の酢を落した水にさらして、充分に水気をきります。胡麻は油のでるまでよく摺って、茹で卵の黄身だけ一個加えてよく摺り、味醂、酢、酒で味をととのえて和えます。菫の花一輪、桜草の一本も飾りましょう。

お精進用には、油揚を二枚にはがして、中のお豆腐の白い部分をこそげ落して摺り胡麻といっしょに摺り合せ、油揚はごく細く切って、さっと油抜きして水気を固く絞り、胡瓜と合せて胡麻和えにします。この場合は卵の黄身は使いません。油揚とこそげ落した豆腐が、胡麻酢で和えたために出た胡瓜の水気を吸いとって、具合よい味をかもしだすのです。十五、六の時、祖母からそのわけを教えられた、わが家のお惣菜の胡瓜の胡麻酢和えです。

鯥《むつ》の子　鱈子《たらこ》　真子《まこ》

もうすっかり春らしくなりました。ふと見上げる桜の梢には薄紅をさした蕾がふくらみ、ちらほら咲きはじめるのも明日か明後日か。寒すぎた今年の冬から完全に解放された喜びと希望でいっぱいです。四月は姑のお誕生日で、お祖母ちゃんは本年八十六歳になりました。頭はだいぶ老化して家の者どもはお蔭で毎日笑いがたえません。けれど体のほうはいたって元気で、生れつき色白の頬はいつも桜色に艶々してどなたからもほめていただきます。誕生祝いの献立を何にしようかと立ててみたり、くずしてみたり、鯛と海老、これはご祝儀のきまりものとしても、煮ものにはむつの子が使いたいと思って、魚屋へあたりをつけに出かけることにしました。

むつの子

近頃は充実したむつの子にお目にかかりにくくなりました。高級料理店に買われてしまうのか、鎌倉の魚屋までおこぼれが回りかねるは当然のことと知りながら、昔は惣菜だったものが食べられなくなったのは、ほんとうに口惜しいことです。むつの子ばかりでなく、真子がどうして少なくなったのでしょう。数の子、筋子、鱈の子、唐墨《からすみ》など数えあげればまだまだ限りもありません。日本の漁業の多角的な問題が原因と考えますが、悪循環で動きのとれなくならぬうちに解決されることを切望せずにはおられません。

むつの子の甘煮に話をもどしましょう。出汁、味醂、酒、砂糖、醬油でとっくり煮こんだむつの子に、蕗ときぬさやを取り合せます。木の芽の香りを温かい湯気に通わせて、うす甘いむつの子が舌の上でやわらかくほぐれるほどのよさ、しゃりしゃりした蕗の歯ごたえとあの香りを思うだけでも、お祖母ちゃんをだしにして、こちらがご馳走にあずかりたいのが七分かもしれません。

煮方のコツはよく血を抜くことです。細い血管を庖丁の先で血のたまった部分をちょっとはねて血を抜きます。三センチくらいのぶつ切りにして、海水よりやや薄い塩水に十五分ほどつけますと、自然に塩水に血が滲み出てきます。静かに水を替えて、水に血の気がなくなればよいのです。この血抜きをしないと、せっかくのむつの子も生臭いことになります。

煮立った煮汁の中にひと切れずつ入れます。入れたとたん、パッと花が咲きます。たっぷりの煮汁で二十五分くらいは煮こみます。煮汁の分量は、出汁一カップ、酒半カップ、味醂半カップ、砂糖大匙三杯、醬油四分の一カップ、塩小匙一杯、化学調味料少々の割合です。

鱈子

鱈子もやはり花が咲いてなかなか美味しいものです。塩漬けや粕漬けになっている紅葉子の生のものです。鱈の子だからと馬鹿にしないで、むつの子と思って酒と味醂を充分に使いましょう。

先日、久し振りで息子が上京いたしました。鱈の子とうどを煮合せて染付けの大鉢に山ほど煮ておきました。「やあ、相変らずスゴイナ」「やっぱりうまいな」「だけどお袋、昔より小さいね」と申し、鱈の子と知って大笑いしました。子供の頃、なに気なしに食べていたむつの子が、どこか記憶のすみにひっかかっていたのでしょう。恐しいものと思いました。

真子

真鱈の子はとても大きくて灰色で、濃いぶちのある厚い袋のような皮に包まれております。よく洗って一度蒸してから皮をむきとって味をつけます。袋から出しますからぱらぱらになります。こっくりしたとてもいい味の子です。人参、こんにゃく、むきえんどうと煮合せると美味しいものです。ちょうど卯の花や、煎り豆腐くらいの気易さです。匙ですくっては幾度おかわりしてもよいような煮ものの鉢の一つです。

明石鯛《あかしだい》

敗戦、戦後、旅、春、明石鯛。長かった戦争の苦しみ、悲しみ、不安、そんな諸々の迷いのなかからハタとわれに返った気付薬。

私の生きているかぎり春がくると、天を仰ぎ地に伏して無心に感謝を捧げずにおられない深い感銘の思い出に連なる言葉です。焼野の原と化した東京、バラックの掘立て小屋、落着きを失って目ばかりギョロギョロ光らせる群衆。無気力な人のかたまり、横行する闇屋、地面を見回して棒の先のくぎに素早く突きさすモクひろい。恥もなく外聞も忘れて、ただその日一日を生きるのが精いっぱいの人々。〝日本はどうなるのだろう〟考えあぐんだ私にとって、戦禍を蒙らなかった松阪、伊賀上野、中川を経て伊勢路、大和路の旅で、微動だもせぬ、静かさと美しさが、しだいにたくましさを感じさせ、それは不思議な安堵と落着きをひきもどしてくれました。

　小高いみどりの山のふところに薄紅の桃の花の丘がつづき、麓は一面真黄色の菜の花畑に彩られ、目のさめるようなうららかな霞の春。そこにはなつかしい兎と亀のお伽話そのままの山の姿、里の道がありました。絣の着物を着た童子が手をつないで、蝶とたわむれているような錯覚さえおぼえるようななごやかさが……。

〝ああ、日本はこんなにも美しくちゃんとあったではないか。あの絵本と少しも変らずそのままの姿であるではないか〟万感胸にせまって、泪で里の景色はかすむばかりでした。先の見通しなど皆目わからぬ不安に常におののきつづけていた心は、なんのためらうこともなく、希望を失わず、元のままの日本人に立ち返ればいいのだ、あの丘のように。うららかな心を取りもどせばいいのだと……。

　戦後初めての旅で、ハタとわが心を取りもどせた動機となったのです。その感激をのせたまま大阪に着き、宿の夕餉のお膳にはこれまた久しぶりの明石鯛のお作りとご対面でした。湯引かれた桃色の鯛の皮はちぢれて、透き通ったお作りは思いなしかふるえているかのように見えました。うどのつまに芽じそ、花おち胡瓜が露をふくんだ風情のうれしさに、思わず赤絵の鉢を手にうけて、幾年ぶりかで日本人に返った喜びにひたりました。姑にも娘にも、息子にも、妹たちにも、食べさせてやりたい人たちの顔が次々に浮び上って、申しわけないやら有難いやら、ひと切れひと切れを大切にいただきました。あふれるような食べものに埋っている今日もなお、あの時の思いは物の有難さ、もったいなさを、しっかりと全身で受け止めた尊い教えになって、生活のなかに生かしつづけております。

西と東では活魚の締め方も違えば売り方も異なるのを初めて知りました。また、たまり醬油が、作り身やかぶと焼に合うこと、白子《しらこ》は西京味噌によってより一層の持味が引き立つこと、真子の炊合せ、雀ずし、さすが関西の味は瀬戸内の魚によって磨き上げられたものと感を深くしました。

あら炊きだけは、たまり醬油、薄口醬油を使うより、関東の醬油で煮付けたほうがよいのではないかと思ったのですが……。

ご参考までに、鯛のお刺身を食べる時の心得を一つおつたえしましょう。お刺身は先に醬油をつけてから、おろしわさびをちょっとつけて食べます。醬油にわさびをひたして食べるより、わさび、醬油の味がはっきりして、口にすきっと感じます。

塩焼の最高の食べ方は、三十センチくらいのたっぷりめの小鯛に霜ふり程度の塩をして、やや強火で焦げ目をつけて一気に焼きあげます。別に酒（一級酒）を一匹あたり三分の一カップくらい、熱かんにしてアルコール分を抜き、鯛が焼きあがったところで、魚ぐしを抜いてあつあつの熱かんをサッとかけましょう。食べる時ほんの少量の醬油をかけます。

潮汁《うしおじる》は、頭、中骨にやや強目の塩をかけて三十分おきます。鍋に湯をたぎらせて、塩をしたままのあらを一気に入れ、瞬間、色が変るのを見たら、鍋を水道の下に置いて水にうたせます。指がはいる温度になったら、両指先でうろこ、血合、よごれを静かに、丁寧に洗い落し、笊に取り上げます。昆布出汁を煮立て、鯛のあらをひと切れひと切れ入れ、火の通るにしたがい、火を弱くして、塩味をととのえます。最後に、三センチ幅くらいに切った出汁昆布を、潮汁の分量によって二、三枚、あるいは五、六枚入れます。不思議や、潮汁に浮き上った泡、かす、魚のよごれ、脂肪等が、昆布のぬるみに引き寄せられて、みるみるお汁がすっきり透き通ることを発見するでしょう。すかさず昆布を引き上げます。この動作の間髪は一回や二回では会得できないと考えられます。金目鯛、鯵《あじ》、鱸《すずき》等でたびたび経験を積まれてください。

最後に、酒を一椀に大匙一杯当て以上加え、二、三滴の醤油の香りで出来上りです。木の芽はすべての鯛料理には欠くべからざるものと心得てください。

ブロイラー

病菌豚の事件は人間の生命に直接関係があるだけに、重大な問題でした。いろいろの意味で、食生活に連なるこうしたことはギリギリの線まできているといっても過言ではないと思っています。化学工場の排水に汚染された河水の及ぼす魚介類の問題、農薬の害毒による米、野菜、果実の問題。添加物、染料による食料品のほとんど。包装、あげくのはては、毒絵皿の登場とあっては、いったい何を何で食べて生きていったらよいのか、物価高以前の問題ではありませんか。食品の改良は改悪に等しいと十数年来事あるごと（講習会、講演会）に、いいつづけてきたのですが、多勢に無勢ではいかんともしがたく、B29に竹槍で力み返っているようなものでした。ここ数年の改悪横行の目ざましさは目を覆いたいばかりです。知ってか知らないでか、何の考慮もなくそれらの品々を求める女性たちを見ては、戦後日本で強くなったのは靴下と女性だとの定評にもかかわらず、あなたまかせの、お当てがい同然の商品に不信を抱かず従順であるのが不思議でなりません。

去る三月、ＮＨＫの「今日は奥さん」で、ブロイラーについて放送があったときも、やわらかい点が満足、というだけで、質とか味に対しての批評が活潑でありませんでした。配合飼料で飼育され、トサカが出かけたとたんに商品になるのです。やわらかいだけでなく、質と味のため、せめてあと一ヵ月、成長させるわけにはゆかないか、との私の提案は、一ヵ月の飼料を与えても、経費をかけた割合だけ目方が増えない、それでは採算に合わないから不可能であるとの説明でした。蛋白質を多量に補給することが目的であって、味とか質とかを問題にしていては企業として成立たず、企業の目的は鶏を作っているのではなく、蛋白源を生産して皆様に供給するのが目的であるとのたまわれました。

近代の鶏は九〇パーセントまでブロイラーだそうです。はてさて、どうしたらいいのでしょう。にわとり、かしわ、ブロイラー、いよいよとなれば自分で鶏を飼うより他に方法がないと考えながら……。

金沢の代表的料理に治部煮《じぶ》があります。鶫《つぐみ》の肉を使うのが本格的で、今は鴨《かも》を使っておりますが、ブロイラーでも充分美味しく代用できます。大切りにした鶏肉に、小麦粉に少量の砂糖を加えたものをはたきつけて、味醂と醬油を合せて出汁を煮立てた中に順々に入れ、鶏肉に火が通ったらすぐ引き上げ、芹、春菊、椎茸、生麩などを盛り合せ、ゆずの輪切りとわさびを添えていただくのです。また、ぶつ切りにしたものを味醂と醬油を合せたつけ汁に十分から二十分つけ、油をひいた鉄鍋で焼きながらいただくお狩場風もよいでしょう。

焼鶏にするのでしたら、手羽先を塩焼きにするのが一番よいように思います。手羽先を酒と醬油を合せたものの中に三十分つけておき、片栗粉をふりかけて油で揚げるのも若人向きです。チキンカツはもちろん、コキール、パイなど、支那料理にいたっては、重宝このうえないものと思います。ブロイラーは骨がやわらかいので、骨ごと叩いて丸めて、焼いたり、揚げたり、煮たりすると、骨が香ばしくてカルシューム入りです。骨は平らな堅い石の上で金鎚で叩いてください。

夏

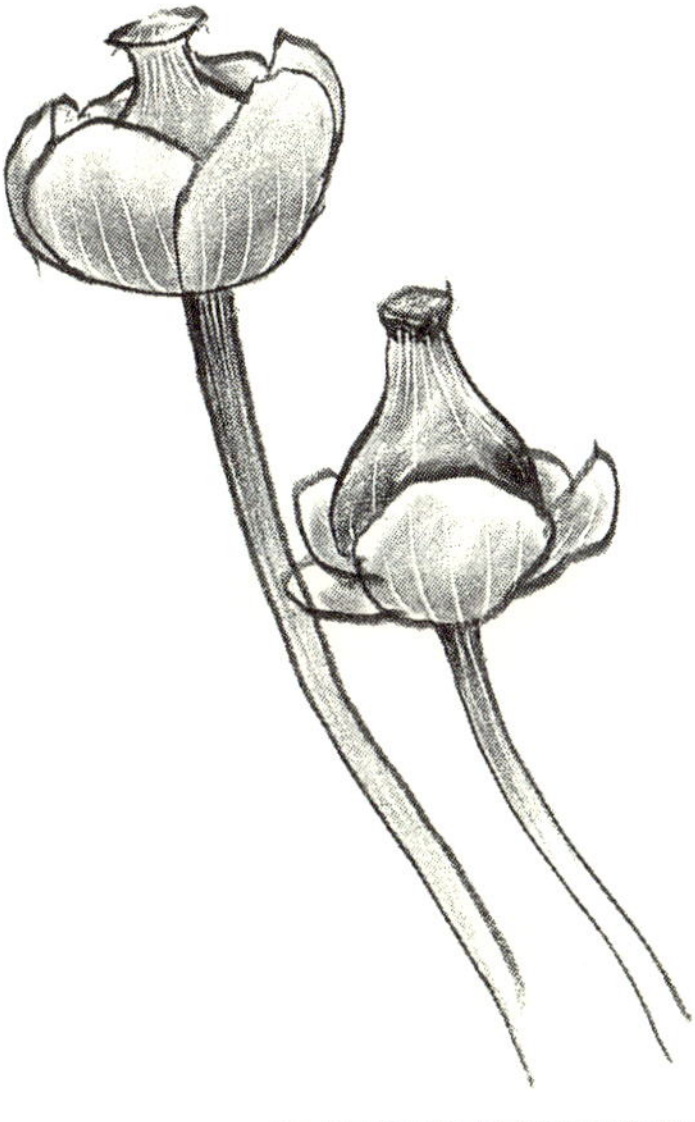

夏

柿の葉ずし

五月の風がさわやかにみどりの木々を吹き抜け、陽の光は若葉の葉裏を銀色に輝かせています。ここ一週間で急に成長した、次郎、御所、富有、蜂屋、百目、山柿の葉はひときわ艶々しく照り映えて、そろそろ柿の葉ずしをお作りになりませんか、と語りかけているかのようです。

雪ノ下（旧居）の庭には柿の木が三本しかありませんでしたが、浄明寺（新居）の庭には大きな柿の木が十数本あります。雪ノ下の柿の木は、気の毒にも初夏から紅葉までにほとんどの葉をもぎとられて丸坊主にされましたが、いくら頑張っても浄明寺の柿の木を丸坊主にはできません。

やわらかい双葉のうちは、ちょいちょい摘んで天ぷらにして食べますが、柿の葉は揚げものにすると渋柿の葉でも甘くて、雪の下や小豆の葉などと盛り合せて前菜にすると、目先が変って喜ばれます。一人前の大きさになるのを待ちかねて、いよいよ柿の葉ずし製造ということになるわけです。製造なんて大げさですが「作る」なんてものではありません。いっそ商売にしたら？　とあきれかえるくらいのご執心です。右手が酢で真白にふやけてしまうほど作るのが楽しいのですから、どうしようもありません。

ちょうど五月は新鮭のひと塩が入荷するので、鮭と卵焼を使うことにしています。鯛の昆布〆でも新しい小鯵でも、ご自由になさればよいでしょう。鮭は三枚におろして、背と腹に分けて皮をひき、薄く切ります。厚く切ると脂が強すぎますから、できるだけ薄く切ってください。鮭の生臭みのためには生姜を用います。針生姜をたくさん作って、酢につけて固く絞りあげておきます。卵焼は、卵一個に対して酒と砂糖をおのおの小匙一杯ずつ、塩と醬油で調味して、横十二センチ縦十七センチくらいの銅の卵焼器で一個を一枚に焼きます。一枚を十枚に切ると、厚みが、にぎりの分量にちょうどよいのです。卵十個で百個のおすしができるわけです。ご飯が炊ける間に酢を合せたり卵を焼いたりして、ご飯に酢を混ぜて、さめる間に山にとんで行って柿の葉を摘んでくるのです。柿の葉はぬれぶきんで丁寧に拭きあげてください。

すしをつけこむ器は木製のほうがよい。樽、桶、木の菓子箱がよろしいです。これで準備は完了しました。いよいよにぎることになります。

ご飯の量は小指の大きさです。おちょぼ口でも完全に一口でパックリはいるほどのごくごく小さいにぎりです。ご飯に針生姜を少量のせて、鮭の切り身をのせて、柿の葉でくるっとひと巻きして、器のはしから順序よくしっかり詰めこんで、いっぱいになったら押し蓋をして重石を置くのです。卵焼のほうには生姜はいりません。柿の葉は表が外側になるように、葉の裏のほうに、にぎりをのせて巻きます。半日くらい重石のかかったおすしは柿の香りが移って、柿のどんな成分がしみ移るのか知るよしもありませんが、とにもかくにも、まったく素晴しく美味しいおすしです。いくつ食べてもきりがないほどで、孫は〝僕もう五十食ったよ〟と葉の山を前にニコニコしています。

五月の葉はしなやかで巻きよいのですが、夏、堅くなるとピンとそり返って包みにくくなります。しかし、紅葉した秋の葉はしなやかで包みやすく、鮭の脂で葉が美しく光り艶やかで、ほめない方はありません。

滝川豆腐《たきがわどうふ》　卯《う》の花《はな》

青葉若葉の五月、浮きうきとざわめきたった桜の季節もようやく落着いて、本腰を入れて仕事に取組みたくなります。五月生れのせいか一番好きな月です。鯉幟《こいのぼり》、菖蒲湯《しょうぶゆ》、ちまき、柏餅、筍、木の芽、若鮎、初鰹、新茶。苗屋さんの店先では、トマト、胡瓜、茄子、へちまの苗が道行く人を立ち止まらせては、次々に買われていくのも心楽しい風景です。

八十八夜が過ぎると、きまって根生姜の植付けとオクラの種播きをします。土仕事に汗ばんだ肌を心地よく薫風がなでていきます。筵《むしろ》の上で八十八夜のお茶と柏餅のお三時。モンペに地下足袋姿の私が、最高の倖せを感じる時です。一服したあと、〝さて今夜のおかずは何にしようか？　滝川豆腐に木の芽田楽、鰹のたたきに若竹汁ではどうでしょう〟と、ひとり言です。

滝川豆腐

滝川豆腐は、木綿豆腐一丁に対して角寒天一本、水二カップ、塩ひとつまみ。寒天をちぎって水に浸けてもどしたら、分量の水を加えて弱い火でゆっくり煮とかします。寒天は焦げつきやすいもの、絶えず木杓子で鍋の底をかき回して一割くらい煮つめます。

豆腐は水をきり、深めのボールで受けて裏ごしにします。これに煮立った寒天汁を裏ごししながら流し入れ、塩を加え、よく混ぜ合せて流し型に流して、冷たく冷やします。ところ天突きで突き出してかけ汁をたっぷりかけ、木の芽やとき辛子、おろしゆずなどを添えましょう。かけ汁は、天つゆ三に対して一の割合で酢を加えます。やわらかい酢の味のかけ汁をたっぷりかけて、汁とともにすすりあげる滝川豆腐は初夏の倖せです。まあ召し上ってみてください。もちろん、かけ汁も充分冷やすことが大切です。

卯の花

因果な性分で、見たり聞いたりがなんとなく食べることにつながってしまうのも困ったものです。卯の花が咲きはじめるのを散歩の途中で見つけると、歩調は小学校時代にもどって、「卯の花の匂う垣根に時鳥《ほととぎす》」と口ずさみながら、もう頭のほうは今夜は卯の花煎りでもしようかな、となってしまっているのです。そして帰りには豆腐屋に寄って卯の花を下げているのですから、われながら少し変だなあと思わないわけにゆきません。

卯の花は、ボールに水を張ってとっぷり浸けます。しばらく水に浸けておいてから布袋に入れて固く絞り、少量のサラダ油を入れた鍋でさらさらのふわふわになるまで気長に煎りつけます。三杯酢の味つけをして、酢〆の鯵にまぶして卯の花和えにしたり、いかの煮汁で人参、蓮根《れんこん》、新ごぼうなどを細かくして煮込み、空煎りにした卯の花に合せます。鶏の挽肉などを使いますと、子供たちも喜んでいただきます。野菜屑の整理に、卯の花、煎り豆腐など、なつかしい小鉢と申せましょう。

紫蘇《しそ》　蓼《たで》　茗荷《みょうが》

しそ

毎年こぼれ種であちらこちらと足の踏み場もないほど芽を出すのがしそと蓼です。しそは名古屋（疎開先）から鎌倉に移り住んだ時、種を持ってきました。蓼は戦前お友達の庭からいただいて長者丸（東京の旧居）の庭から名古屋へ、そして鎌倉へと四十年以上もの間柄です。

春まだ浅い頃、粟粒のような芽を見つけると、それが慣わしのようにちょっとつまんで前歯で嚙んでみます。本性たがわずたしかな蓼としそです。今年もまたよく芽を出してくれて有難うございます、とお礼の心をそのあたり一面にふりまかずにいられません。

大きくなられては困るところから、どしどし摘みます。刺身、酢のもの、漬物にはもちろん、サラダにも双葉を利用します。葉が少し大きくなると、香り高いしそご飯が始まります。こんなに山ほどのしそがどうなるのかと思うほど摘みます。よく洗って細かくきざみ、塩でもみ、青ねずみ色の汁を堅く絞ります。ご飯は普通に炊いて五分くらいむらしたらしそを入れてよく混ぜ合せます。しそがみどり色にさえて、素晴しいご飯ができます。キャベツ、茄子、胡瓜のもみ漬にも欠かせません。素麺にしそがなくてはなんの風情がありましょうか？

葉がこわくなると、今度は穂じそです。洗い、酢のもののつまに申すまでもありませんが、大根おろしと穂じそだけの甘酢和えも美味しいものです。うっすらと衣をつけた揚げものに、近づく秋の気配を感じさせられます。

実がいりきらない、やわらかな間に種をしごいて塩漬や醬油漬にするのも仕事の一つです。赤の縮緬じそは梅干漬のために入念に育てあげます。指先はもちろん、爪まで真黒に染めて半日がかりで葉をもぎとり、塩もみして黒い汁を出し、梅漬の中に入れると、みるみる真赤になるのが何より楽しみで、梅干を漬けずにおられません。春の芽出しから秋の実りまで、さまざまに楽しませてくれるしそさんは私の大切なものの一つです。

蓼

蓼喰う虫も好きずきと申すとおり、あの葉を嚙んでみると、なるほどとうなずけます。紅蓼のあの美しい芽はなんと可愛らしくて、真紅があざやかでしょう。だれがこんな美しく、風情があって、しかも毒消しになるものを刺身のつまにするのを考えついたのでしょう。真鯛の透き通った薄切り、乳白色のすみいかの作り合せに、新わかめのみどり、紅蓼の赤、青じその新芽。日本料理の美しさは、目でみるためと思っては間違います。取り合せはとりもなおさず毒消し、食べ合せの配合がほどよく盛り合されるゆえに、美しさが自然に現われるので、わざわざ飾りたてるわけではないのです。

鮎が解禁になる頃は、蓼がちゃんと大きくなります。蓼酢と鮎は切りはなせません。わが家では、夏の魚の塩焼は、ほとんど蓼とレモンでいただきます。鰺、鰯、伊佐木《いさき》、鱸《すずき》、秋鯖《あきさば》も蓼のあるかぎり使うことにしています。秋鯖のなれずしは蓼を枝のまま鯖の間に敷き込んで重石を置きます。

茗荷

八十八夜前後、茗荷がぴんぴん芽を出します。スマートな芽の出し方で、ほんとに小粋なものです。茗荷竹で使いたい場所には、冬の間にもみがらをふかぶかとかけてやりましょう。夏茗荷と秋茗荷がありますから、秋まで花茗荷（茗荷の子）が楽しめます。ピーマンの薄切り、しそ、芽生姜、セロリの芽、パセリの芽、三つ葉の芽などと合せてサラダにいたします。まさにサラダの王様で、このサラダだけはどこのレストランに行っても食べられないと、私の自慢の一つです。卵とじ、つけ焼、揚げもの、素麺にもなくてはなりません。余分の茗荷の子は塩漬にしておいて、秋茄子の出るのを待って柴漬にするのが例年の慣わしになっています。茄子を輪切りにして、茗荷と一緒に胡麻油で炒めて、砂糖、酒、醬油で濃いめに煮るのは意外に美味しくてだれもおどろきます。

苺《いちご》

木の芽立ちの頃は、とかく季節風が強く、不安定な日が多いのですが、いつの間にか青葉若葉はさわやかな風にそよいで、大空の彼方へ若葉の匂いを吹きとどけるかのようです。老鶯のさえずりも臈たけて、ほんに谷渡りとはよくぞ申したと聞きほれるばかりです。五月生れの私にとって、この月が一年じゅうでいちばん元気の出る大切な月です。筍、鰹、空豆、苺、嬉しさと楽しさで、食べるほうも大忙しです。

露地ものの苺を大きなギヤマンの鉢に山ほど、それこそ食事代りにいただくのが楽しみで、砂糖と牛乳をかけて苺のある間じゅう食べつづけます。苺が出はじめると医者殿が暇になる、といわれますが、ビタミンCを豊かに摂るせいなのでしょう。私の女学校時代、目黒に苺園がありました。仲良しのクラスメートのお家でした。土曜日の午後、お友達と連れだって、目黒田圃のひばりのさえずりをききながら、祐天寺の通りを過ぎると杉木立の間から苺園の岡が見えはじめました。マーガレットやつるばらが美しく咲き揃った庭にはいると、左右は一面の苺畑で真赤な実がのぞかれました。竹籠を受けとって、苺摘みにはいるのですが、真赤と思ってちぎってみたら、下側が未熟で白くてがっかり、捨てるに捨てられぬ思いをしたものです。籠いっぱい摘みとって花園の水道で洗い、牛乳と砂糖でいただきました。クローバーのカーペットに坐り、若さをいっぱいはずませながら、四つ葉のクローバーを捜したり、花輪を作ったりしたものです。

戦争中の家庭菜園に引きつづいて長者丸の私の庭は、土の肌の見える所はすべて食に連なる何かが植えてありました。もちろん苺にはいい場所をあてておりました。お蔭で家族の楽しむ苺はどうやら事を欠きませんでした。

今はビニール栽培、石垣苺と人知を尽しての進歩です。高級な温室苺は庶民全般の口にはまだ届きかねるようです。露地ものの出盛りこそ待たれます。名古屋に住んで種々果実の豊富なことは非常に嬉しいことでした。鳴尾の苺に劣らぬ鳴海の苺に恵まれたこと、出盛りには量り売りになるので、なんのくったくもなく食べられたことを今でも有難かったと思います。

鎌倉にやってきて苺の量り売りに出会うとは、思いもかけなかっただけに感激でした。藤沢、茅ヶ崎が生産地なので、季節になると農家が八キロ入り大箱に畑からちぎりたてを持ってきます。一粒、一粒、好きなのを選んで買えるのも、特色と申されましょう。午前中の新しいあいだに、浅めの箱を持参して、毎日買いつづけます。私は苺に特別臨時費を組むので、「またはじまった」と家族のものに冷やかされるのにも馴れっこになりました。新鮮なものを、そのまま食べるのを最上といたします。

苺ジャム

最盛期をちょっと下りかけた頃、苺ジャムを作ることにしております。八百屋に頼んで苺の粒が小さくなりはじめて、この辺が安い時と見はからって仕入れてもらいます。苺一キロに対して砂糖は七〜八割用意します。レモンの絞り汁が一個分、夏みかんの汁を代用してもよろしいと思います。まず、苺を洗ってからへたを取り、瀬戸引きの器に入れ、砂糖を加え半日おきます。砂糖がとけて美しい赤い汁がたくさん出ます。中火にかけ、煮立つほどに汁が増えますが、二十分くらいで煮あげたいので、あまり汁が多いと思われたら汁だけをある程度、シロップ用に貯蔵されるのもよい方法です。二十分ほど煮つづけましたら、苺を引き上げ、汁の煮つまり具合を見て苺をもどし暫く煮合せて火から下します。これを消毒した瓶に詰めて、口を堅く締め、冷凍すれば、いつまでも貯蔵にたえます。

鰹《かつお》

〝目に青葉山ほととぎす初鰹〟

初夏の風景と季節の味をまことによく表わした美しい句です。私はこの句の間《ま》のよさを料理作りの心といたしたいと常に考えております。初鰹であったとしても、お膳の上に刺身のひと皿があるだけではただそれだけのことでしかありません。一汗流して、さわやかな青葉を渡る初夏の風、ほととぎすのひと声があってこその初鰹で、「雰囲気」「間」、行き届いた心遣いがあればこそ、かもし出される風景だと思います。

豊かな四季の恵みに富んでいる日本は、おりおりのものの出会いの配合がまことに自然の妙と申されるほど豊かですが、案外、無関係にすごす人が多いのは残念なことと思います。ものの出会い、間のよさ、近頃の言葉で若い方たちが、イイタッチ！　とおっしゃるあの間です。三拍子揃ったゆえにこそ出た句で、この三拍子が揃うには目に見えない陰の準備があったからで、ほととぎすのひと声は決して偶然ではなかったのでしょう。

私自身の自己満足でしかないのですが、鰹のたたきのつまに、芽を出し揃えた青じそのなかから形の揃った双葉を根付きのままと、去年秋に播いた葱の新芽を、これまたきざんで付合せにと心がけます。しその枯小枝を束ねて物置にとっておき、その燃し火で鰹を焼いてたたきにしますが、しその煙ならば鰹の性に合うのではないかしらとの心づくしです。

庖丁もといであるし、盛付け皿も冷やさずにおられなくなるのが私のくせで、この縁の下の力持ちがあればこそ〝目に青葉山ほととぎす初鰹〟の句に対して申しわけがたつような心がするからです。生ぬるく、色が変った初鰹では、青葉もほととぎすも台無しになるでしょう。ひと皿の刺身を作るにもひと切れの魚を煮るのにも、気を許しては人を喜ばせることも、自分を安心させることもできません。

五月も末頃にかかると、鰹は太り、脂がのりきって、捕獲量もふえるので、女房を質に入れなくとも食べられるようになります。あわてず、ゆっくり召し上ってください。ご存じのとおり、鰹の皮は薄くて引けません。首元の一部分に、固まって「こけ」があるためか、胴体はつるりとした皮です。薄い代りに強靱な皮を、焼くことによって食べやすくした、昔の人の知恵にはまったく頭が下ります。焼くには、藁火が定石とされていますが、都会のアパート生活でそんなことを始めようものなら、一大事にいたります。ガス火の焔で充分です。一番強い直火でパチパチと焼きます。焼きはじめると表面に脂肪の小粒が浮き出て、それが焦げると、はじけてパチパチと音をたてます。ちょうど胡麻を散らしたような焦げめが魅力です。

じゅっくり焼いてしまっては、元も子もありません。よく、「周囲を何ミリくらいの厚さに焼きめを入れたらいいのでしょう」と聞かれますが、「焼く目的は、皮ごと食べることにあって、焼きめの厚さの問題ではないと思います。皮の表面を、どうしたら手早く、パチパチと焼くかに重点をおかれるほうが大切だと考えています」とお答えしています。焼きあげたら、さっと水をかけて熱をとり、ぬれぶきんに包んで冷蔵庫に入れて、冷たく冷やし、丸のままに、夏みかんをきゅっと絞りかけてから庖丁を入れるとすっきりした作り身になります。

六月以降の脂ののりきった鰹の場合は、焼きめをつけたら、氷をたくさん入れた氷水へとっぷりつけて、急激に冷やします。氷に浮く脂を自然に流れ出させてから、水気をふいて庖丁を入れる、こうした方法をおすすめいたします。つまは青じそ、赤じそ、さらし葱。薬味は、わさび、生姜、にんにくの類をお忘れなく。煮たり、焼いたりした時の薬味に、とき辛子が乙なこともちょっと覚えておいてください。

たたきにした残りは、蒸してナマリ節に作ると、日保ちもよく重宝します。胡瓜もみと合せて酢のものにしたり、煮つけてもよく、血合《ちあい》やほぐれた残り身は生姜をたっぷり使って薄味の佃煮にしてもよろしいものです。

中おちは甘辛く煮つけて、血合を箸でつつき出して食べるのが大好きで、家中で引っ張りだこです。中おちを魚屋に頼んでも、刺身をとったあとは身のつき方が薄く、血合までも美味しく感じないのは不思議です。やはり、少し身をつけたほうがはるかに美味しいと思いますが、いかがでしょう?

鰹のたたきを作ると、血合や腹、かまや尾の部分など半端な肉がかなり出ます。これらを二センチくらいのぶつ切りにして、せん切りの根生姜を魚の三分の一くらい入れて、酒、味醂、醤油でカラリと辛煮にします。小付、お茶漬、お弁当の添えものにたいそう重宝いたしましょう。

鰹の塩辛は栄養価の高いものですが、あのままでは塩からすぎますし、また、ときとしては生臭いこともあります。水にしばらく浸して塩出しをしてみてください。よく水気をきって器に盛りお盃一杯の酒をかけて、ある時は針生姜、ある時はゆずのひとへぎを、レモンの皮の薄切りを、少し入れて召し上ってみてください。きっと喜ばれると思います。

鯵《あじ》

新緑の頃から夏の終りまで、飽かずに食べつづけられるのが鯵でしょう。白身でもなし、赤身でもなし、中加減のものと申したらよいでしょうか。万人向きのする魚で、刺身、酢のもの、焼き魚、揚げもの、南蛮漬などなんにしてもよい魚といえます。

鎌倉に住むお蔭で、新しいとれたての鯵が朝に夕に手にはいるのは心強く、嬉しいかぎりです。七、八センチの海から上ったばかりのものを、面倒でも三枚におろして皮をはぎ、薄めの塩水に氷をたくさん入れた中にほうり込むと、鯵の身がしまって、冷たく冷えて、余分の脂は浮いてしまい、とても美味しくなります。もう一度氷水をとりかえてきれいにして水気をきり、冷たいうちにわさび醬油で食べてごらんなさい。刺身は鯵に限るとおっしゃる方がふえると思います。つまは茗荷と青じそに細打ち胡瓜とゆきたいものです。塩焼にするには銀色で腹にかけてピンクに光る胴の幅が広めでもよく太った鯵を選びましょう。

魚屋から買ってきたら、すぐたて塩（海水くらいの辛さ）で腹の中やえらの中を洗い、竹笊に竹の葉、葉蘭などを敷いてとりあげ、受皿をしてポリエチレンで包み冷蔵庫に入れておきます。すべて、ものを美味しく食べるには、そのものに対する手当てが何よりも大切です。魚屋の水で洗っただけのものを経木に包んで、使う時まで置いておいたのでは、血や腹わたの臭いが身にしみこんで、どんなに新しい魚だとてたまりません。

炭火で焼くにこしたことはありませんが、ガスでも充分焼けます。四、五センチの枠を置いて、火を強くして魚焼網をのせると、調子よく焼けます。最初の鰺をのせる時、焼網に油を塗っておくと、焦げてくっついて皮のはがれることが妨げます。二回目からは、鰺の油がついているので大丈夫、焦げつく心配はありません。

近頃はバベキューとやらが大流行ですが、日本人は昔からバベキュー以外で魚や鳥を焼いたことはありません。バベキューセットの具合は違いますが、焼鳥、蒲焼などは立派なバベキューです。フライパンの大きいようなものの中に火をのせていますが、あの浅さでは熱の大部分は外に流れてしまって、炭火のむっくり、じっくりする熱の味わいが台なしになるのではないでしょうか。七輪を庭先に持ち出して焼きたてを食べたほうが、夏らしく、鰺にふさわしいような気がいたします。

焼きたてにはおろし生姜を添えて酢と醤油をかけて食べるのが普通ですが、蓼《たで》酢で試してみてください。私は夏期の塩焼はほとんど蓼酢でいただきます。鮎の塩焼を思い出して蓼酢で食べたのが始まりです。

鰺の干もの

干ものは、真鰺、むろ鰺、丸鰺など、それぞれの持味があります。小鰺のひと塩などそれこそ朝によし、夕によしです。

むろ鰺の代表はまずくさやでしょう。鼈甲色に透き通って、むっちりとやわらかなくさや、思わず生つばが出てきてしまいます。焼く時はなかなかすさまじいものですが、鼻をつまみたくなるものほど、味がよいのも実に皮肉なものです。

焼く場合に共通なことは、干ものに限り、海魚であっても皮から焼きはじめます。なぜと申せば、皮にほどよい焼き目がつけてあるのが干ものの身上だからです。皮七歩、身三歩というところでしょう。身のほうから五歩の火を先に通しては、あと五歩で皮の焦げ目はつきかねます。生魚を焼くよりも、干ものを焼くほうがむずかしいものです。干ものが焼ければ一人前、と私は申しております。

くさやのむしり身、枝豆の塩茹で、露をふくんだ紫紺色の茄子と胡瓜の糠味噌漬、打ち水をした庭の植込み、すだれ越しのすず風が通る茶の間での夕食に、家族の者が集る時こそ、夏の暑さを感謝して、働き甲斐を感じ合うひとときと申すのではないでしょうか？

鮎《あゆ》

今年の鮎の初食べは四月二十六日、若葉薫る京都南禅寺の瓢亭でした。ぐちの昆布〆の向付、合せ酢の加減のよさ、おろしわさびの薄みどりは、うらやましいほどのよいわさびを使ってと見ほれるばかり。牡丹はもの煮物椀、筍とわかめの炊合せ、焼物が鮎でした。小ぶりながら丸々とよく太って脂がのっているのには恐れ入りました。小細工をせず、さらりと焼きあげて二匹、仲よく重なり合って、「どうぞ召し上ってください」といわんばかりの風情の嬉しさ。蓼酢の辛さもほどほど、なにもかも忘れるような美味しさ。今年は苔のつきもよく、鮎は順調な成育ときき、落鮎までの楽しさをあれこれ思ってゾクゾク。

なんといっても鮎は塩焼にかぎります。かといって胸、背、尾、ひれに岩石のように堅かざり塩をしたのは困ります。せっかくの鮎の香りが、あの塩が口の中にまぎれ込んだ瞬間苦虫を食いつぶしたかのような始末になってやりきれません。魚と塩のかね合いは、鮎にからずすべては持ちつ持たれつのほどのよさが決定するのではないでしょうか。淡水魚はとかくぬめりの多いものゆえふきんでぬめりを拭き取って魚串を打つと、扱いよいものです。塩はよく乾かして（粗塩はしめっぽいので蛍火にあてるとさらさらになる）、たっぷり軽くつまみあげ、高い所から（尺塩）手首を使ってまんべんなくふりかけるといいです。

〝蓼喰う虫も好きずき〟といいますが、蓼は鮎の毒消し的役があると私は考えていますが、蓼の辛味は烈しいものです。川魚の女王があの蓼の辛味に引き合う自然の配合を、神ならぬ身の知る由もなしといつも思うことの一つです。蓼酢は、蓼の葉を摺りつぶし（ご飯粒を少々入れて）、塩をひとつまみ入れ、酢でのばして用います。道端や川原の犬蓼でも同じように使えます。

名古屋住いの時代は、長良川、馬瀬川の鮎等解禁から落鮎までをたんのうしました。八月中旬になると、毎年きまったように加藤正之先生が故郷新潟に鮎つりに出かけられ、とんぼ帰りでご持参くださるのには、有難いやらもったいないやらで胸いっぱいの鮎の味です。新潟の川も河川の汚れで鮭、鱒、鮎は住家がせばめられ、はるばる県境の三面川まで行かなければならぬとか。子供の頃父に連れられて瀬波温泉に三面川の鮎を食べに行った時を思い出しました。十四、五歳の少女には「大人ってこんなお魚がなぜ美味しいのかなあ、なま焼けみたいなお魚なんかちっとも美味しいと思わない」と。

　また三面川の落鮎を素焼にして、半干しにしたものの煮びたし、これは天下一品で大好きでした。腹子のおいしさなんて、こたえられないものでした。角切り昆布をたくさん入れて、味醂と酒と醤油と割山椒を入れ、コトコトと煮びたしにするらしいのですが、娘心にも、昆布と鮎の出会いが忘れられず、茶の間の戸棚を開けては蓋物の蓋を持ち上げて人の気配をうかがってつまみ食いをした覚えがあります。あの時の味が忘れられず落鮎に出会うと必ず煮びたしをするのですが、まだ思い出の味に到達しないのはどうしたわけでしょう。

　六月の末、舞鶴からの帰り道に亀岡から船にのって保津川を下りました。船着場の前が嵯峨の吉兆さん。急に鮎が食べたくなって玄関に立ちました。折よく座敷の都合をつけてもらえてお客になりました。川下りの乾いた喉に、梅酒のオンザロックはこのうえない感激でした。梅雨の中晴れとはいえ、のしかかるような空気の重さを一刀両断するかのような前菜の趣向の数々、銀一色の煮物椀、待望の鮎が透き通る冷たさで、ギヤマンの器の中に、細かくくだいた氷の上にすずやかに現われました。酢味噌と合せ醤油と二種が添えられて、洗いの味の変化の演出でした。飛驒高山の小七輪の中には備長《びんちょう》が三つ四つ赤く、網の上には骨抜きした鮎が二匹ジュウジュウ焼けながらお膳のわきに、蓼酢は定法、頭から尻尾まで食べられました。稲葉のうどんと鮑の酒蒸し（うどんと同寸法に庖丁して）の冷やしたものをゆずの香りのすがすがしい汁につけてすすり上げている頃、四つ手網に何やら盛合せものが運ばれて出てきました。よく見ると、最前からいただいた、鮎の中骨、つまり洗いの中骨、頭、かまの部分、塩焼の抜いた骨。同じ骨でも、生鮎と焼き鮎の骨の区別がこれほど歴然と美しく素揚げになって現われるとは、料理人の庖丁さばきの見事さ、素材の新鮮さ、そして心、まったく頭が下りました。舌の上の喜びもさることながら、心打たれる勉強の数々。飛びこみ一見《いちげん》の客に、これだけの心を尽してのもてなし。忘れえぬ好日でした。

鮑《あわび》

大正五年頃から五、六年間、夏休みには千葉県大原の海岸へ避暑に行っておりました。その時代、汽車は両国駅から発車して四、五時間はかかったと覚えています。太平洋に面した波の荒い海岸は、砂浜が広くて海の幸、山の幸に恵まれたところでした。その頃はまだ避暑客は少なくてちらほら、今の夏の海岸の有様を祖母が見たらなんというでしょう。貸別荘のご主人は潜水夫を業としていました。筋骨のたくましい赤銅色の小父さんの潜水具は、子供だった私にはとても珍しく、重い頭、胴、靴の潜水服がまだ記憶に残っています。

夏の仕事は鮑を獲るのが目的のようでした。二十センチ以上の大きさで、厚味が五、六センチもある見事な鮑をいつも分けてもらっていました。両手にずっしりと重く、うねうねと身をくねらせて貝からはみ出さんばかりの鮑は、見ていて気味が悪いほどでした。鮑の耳の部分で水貝をして、やわらかい真白な身は刺身や酢のものにして、わたは蒸したり、甘辛く煮〆て食べさせられました。私は真中の貝にくっついている楕円形のところだけを切って食べさせてもらっていたようです。大人たちが喜んで食べる、西瓜や新生姜といっしょに塩水に浮いている水貝は、少しも美味しいと思えませんでした。ふわふわにやわらかく蒸しあげた塩蒸しと、こってりと甘辛く煮あげたわたが一番好きでした。

あれから四十五、六年、大原海岸の、あのような見事な鮑を食べておりません。たまに高級料理店で本場の鮑にお目にかかりますが、子供の頃のあのような見事なものは、当節どこへ行っても見ることのできないものになりました。

鮑には、青貝と赤貝があります。青貝は肉の表面が青味がかっていて、雄だそうです。水貝や酢のものにするには、青貝のほうが身がしまって堅くて美味しく、赤貝のほうは薄茶色をしていると申しましょうか、肉がやわらかいので蒸したり煮たり、焼くのに向いています。

鮑の身を堅くしめるには塩をたくさん使います。くねくね動いている鮑に塩をひとにぎりふりかけると、キューッと身がしまります。貝の浅いほうの先端の下に口がついていますから、庖丁の先を入れて口を取り出し、貝を手に持って、切り口を下にしてトントンと俎板《まないた》を叩きますと、身は堅く堅くしめあがります。人間はなんて残酷なことを考え出したのだろうと思いながら、やはりトントンとやっている私は、なんていやな人間だろうと思いながら……。

身がしまったら、わさびおろしの柄を使って身を離します。庖丁のような切れるものを使うと、真白な楕円形に疵ができて上手にはがせません。はずしたら耳の部分や裏側も塩でよくもんで汚れを取りながらしめあげ、冷たい水で洗って好みに庖丁をします。歯のよい方なら耳の部分だけを水貝にすると喜ばれます。切っているうちに乳白色の汁が滴ります。水貝の水も、酢のものの酢もいくぶんにごりますが、これは活きのよい証拠で、乳白色の汁が出ないような鮑は情ないしろものです。

酒蒸しや塩蒸しにするには、塩を使わないで大根の切れ端で貝をこすり、きれいに磨きます。さっと蒸しあげたり、半日もかかってコトコト茹でたりしますが、どちらにもそれぞれ味が出て、〝いずれがあやめか、かきつばた〟で、どちらかといえば、コトコト時間をかけるほうが無難です。乳白色の汁がしたたむように、やわらかに蒸すのは手際が必要です。

小ぶりの新しい貝なら、洗って貝のまま直火で焼いて、貝からはずして角切りにして、熱いところをフウフウいいながらいただく磯焼も鮑の香りが満喫されます。「磯の鮑の片想い」などと、しおらしい愛の表現は、今の若い方には思いもよらぬことでしょう？　片想いの鮑は夏の貝の王者です。目が美しくなるとの言い伝えでよく食べさせられました。「目千両」になりたい方は、どうぞたくさん召し上ってください。

鱸《すずき》

梅雨の晴れ間をみて、梅の実をもぎに庭に出る。あたりいっぱいの梅の香は、体の内をなぜかさっぱり拭い清め、梅雨のうっとうしさをすっきり消して、身がひきしまる心地さえします。こんな折、今夜は鱸の洗いにでもしましょうか、と夕餉のお献立が一つきまります。洗いの涼味と、梅の実の匂い、どちらも夏の涼しさを呼びかける風物にほかなりません。

そもそも洗いというものは、淡泊な魚のごく新鮮なものの皮を引いて、薄く薄くそぎ身にして、冷たい水で幾度も流し洗いをし（身がちりちりに縮れてはぜかえります）、水気を力強く振り切り、冷たいうちに涼味を賞味するものです。そのためには、付合せのつま、つけ醬油、器も冷たくする心入れが必要とされております。その昔は、ちりちりの作り身とともに、器も、つまも、井戸につるして冷やして、いただく寸前盛付けをしたものです。氷の冷蔵庫の時代は、充分氷が使えましたが、現代の電気冷蔵庫で一番不自由なのは洗いの時の氷で、量と形で長し短しでこれには毎度閉口します。魚の切身を冷やすには、相当量の氷が入用のうえ、器に盛り付ける場合も同様なので、洗いをするたびに、井戸と氷の冷蔵庫時代がなつかしく思い出されます。器を大小二つ用意して霰のように細かく割った氷を大きいほうにぎっしりつめて、内側の小さい器に青じその葉を敷き、胡瓜の細打ち等をあしらって涼しさそのものを食卓に運びましょう。

　まず最初のひと切れがなんとも口に涼しく、つけ醬油にしのばせた梅酢の味が、夏の生魚の食べ方とはこうしたものかとうなずかせましょう。鱸はちょっとくせのある魚なので、洗いにしたほうがずっと食べやすく、そのため、洗い流す方法を考え出したのも一つの理由とも考えます。昔の人はまことによく物を見こなしたと感心するばかりです。鮬《せいご》、ふっこ、鱸と成長するにしたがって、名が変っていくので出世魚ともいわれ、おめでたい魚の一つになっています。松江の鱸の奉書焼はまことに格式の高い鱸の扱い方で、魚がここまで品よくなると、それをいただく私どもの品の低さが恐れ入るばかりです。春の鯛に匹敵する夏の鱸であってみればいたし方もありますまい。

　頭は潮汁にまことに結構です。ただしこの場合露生姜をお椀の底に二、三滴落してお汁を張ることが肝要です。吸口は粉山椒か割山椒をお願いします。

　洗いのつけ醬油について一言。日本酒を煮立ててアルコール分を蒸発させたものと醬油と半々に混ぜ、レモンの絞り汁を加えます。もう一つ、梅干を裏ごしにして、混ぜ合せてもよろしいし、また、酒、醬油同量を合せて、梅干を加え、しばらくほとびらかせて、花かつおを加えてさっと煮立てて、さまして用いるのが最高です。おろしわさびを必ず添えましょう。氷の都合（わざわざ氷を買うのが不便）では皮を引いてぬれぶきんに包んでよく冷やし、ふぐさしのように薄く切って美しく並べ、先に引いた皮を熱湯で湯引いて水の中でよくもみ洗いします。皮についた身を取り去るためです。皮はちぢれてよれますがそれを上手に細く切り、薄切りの身と一緒に盛り合せます。コリコリと美味しいものです。

この場合のつまは白髪葱で、紅葉おろしと、ポン酢がつけ醬油となります。ちょうどふぐと同じ取扱いをすればよいとお考えください。

刺身にした後の中骨はこんがり素焼にして、出汁を取り、茄子、茗荷、椎茸、青じそ等をあしらって熱い素麵を召し上ってください。

鰈《かれい》、魳《かます》、鯒《こち》、鱸、これらの夏の魚だけでなく、魚一般について、とかく近頃の若い人はその生臭みを嫌います。生臭みを消す方法として生姜、山椒、葱、レモン等が使われますが、生の時つまり頭を取りわたを出して、骨をはずした時、最初にレモンの絞り汁をかけると生臭みが消えて効果覿面です。調理をすませて、食べる時用いるよりもはるかに有効であるのを知りました。煮るにしても焼くにしてもまずレモンが先です。そして仕上ってからさらに、生姜、山椒、葱、レモン等を用いれば、生臭みはほとんど解消いたします。

河川の汚染は遠く海にまで及び、魚がうっかり食べられなくなってこんな悲しいことはありません。夏のスタミナ、鰻《うなぎ》や泥鰌《どじょう》、しじみ貝等……。食べものが毒ではいったい何を食べて生きたらいいのでしょうか。

梅《うめ》

寒風をものともせずちらほら、ほころぶ梅の花は清らかで、けなげで大好きです。白梅、紅梅、薄紅梅、枝垂、八重一重の花盛りのあの馥郁たる香り。去りやらぬ冬の日、衿巻をかき合せて探梅の道を歩くのはまことに心地よい限りです。

梅に鶯、鶯宿梅などといわれますが、観光地の梅林、人影の多い庭木の梅の枝で、鶯の姿はチラチラ動くだけですぐ飛び去り、鳴き声をきくことはできなくなりました。樹立の中から遠く渡ってくる鶯の声がきかれれば、それがよし梅の枝でなくても市街地では最高の幸としなければなりますまい。

花が下を向いて咲く年は、梅の実の豊作とか。数多いわが庭の梅は、お正月の門松にまず冬至梅が一枝、床の間の青竹の筒切には紅白の枝を、柳、椿とともにいけるのが新年をことほぎの床かざりと定まっています。

二月、三月の花盛りは、早春の陽を背に受けて、カイガラ虫退治が始まり、花が終るとお礼肥えに草木灰と油かすを、結実のためにほどこします。

一年中の梅のすべてを庭の梅でするのが、私の年中行事の一つだからです。幾十年も扱いつづけていますが、毎年毎年すべてが「初心忘るべからず」。はじめて事をなす心構えになれる自然さを有難いと思いながら、梅の木のご機嫌を伺い、梅干のための赤じその手入れ、紅生姜のために、種生姜の植付等、冬から秋の終りまでの見通しを計画し、順序よく秋茄子、秋茗荷で柴漬を漬け終るまでの心のたのしみは知る人ぞ知る倖せと感謝しています。

初夏の懐石の湯吸物に青梅の一片をしのばせた後、きまって梅酒、梅肉エキスの青梅もぎが始まります。東京地方では入梅の雨に当てぬ以前の青梅がよいとされています。六月十日前後までに漬込みましょう。焼酎はアルコール度の高いものがよく、鹿児島産焼酎の梅酒はいつも皆様からおほめの言葉をいただきます。

青梅一・二キロ、氷砂糖または白ザラメ一キロから一・二キロ、焼酎一・八リットルの割合。梅はよく洗って良質なものだけを選び、水気を完全に取る。漬ける容器はガラス製が内容が見えてよろしい。容器は熱湯で洗い水気を拭きあげる。梅、氷砂糖、焼酎を加えて口を密封して夏まで置く。実もカリカリして美味しい。水割にすれば夏の飲みものとして素敵なことはだれもご存じのことですが、梅酒のオンザロックは最高です。

梅肉エキス――梅の酸の殺菌力はホルマリンの三千倍とききました。天然自然の殺菌力として私は貴重に考えています。食あたり、下痢、赤痢、解熱、夏疲れ等効能は使った者でなければわからないほどです。一回大豆粒にして飲めばよろしいのです。青梅を洗い水気を切り、陶器のおろし器（民芸品店にあります）でおろし、布で汁を絞り、瀬戸引き鍋、あるいは土鍋で、蛍火で煮つめます。真黒に煮つまったら、ビンに入れて保存します。幾年でも保ちます。思い出したように時々チョッピリ舌の上にのせます。とってもにが酸っぱいのですが、その後口はさっぱりと気持がよく、胸が開く思いがします。

梅干漬

梅干用の梅は入梅の雨に一、二回かかったほうがよいといわれています。堅くカリカリする梅干は種離れがよいので好きだという人と、しわが寄って肉のやわらかい梅干の好きな人があるようです。私は、しわがよったやわらかいほうが好きです。堅い梅干は酸味が強すぎるので、種離れが悪くても私はしっとりやわらかく漬けます。それゆえ、梅の実が真青から順々に熟して、白色を帯びた薄みどり色にかかる頃の梅を用います。

梅の実は一晩、どっぷり水に漬けてあくを出します。ざるに上げて水を切ります。このとき、梅の実の表面が茶色に変りますが、それは少しも差しつかえありません。

梅干の塩は昔から〝三合塩〟といいならされています。一・二キロの梅に対してカップ二杯半の塩を用意します。塩は必ず粗塩を用いてください。食塩では梅干を漬けることはできません。

かめ、壺、陶製の器に漬け込みます。器は熱湯消毒をして完全に水気を取りのぞきます。おし蓋は木製、重石は石、ハトロン紙、ビニール風呂敷、ゴム紐を用意します。

梅に塩、梅に塩を繰返してかめに入れ、おし蓋をして石をのせ、ハトロン紙で上を包みビニール風呂敷でさらに包み、ゴム紐を二重にしてかめの口をゆわえます。そのまま陽のあたらない所に置いておくだけでよろしい。一週間もたつと、美しく透き通った水がたっぷり上っています。酸っぱく塩からい水で、この水が白梅酢です。そのまま赤じその出回るまで待ちましょう。縮緬じそのやわらかいところをつまみ、水でよく洗い、塩をかなりたくさん使ってボールの中でもみます。黒い汁が出ます。これはしそのアクです。黒い汁が出だしたら堅く堅く絞りあげます。あまり入念にもむと赤い色までもみ出してしまいますから、そのへんは手心をしてください。

しそが全部絞れたら、梅漬のかめの中にもみほぐしながら加えます。二、三分見ているうちに梅酢が真紅に変ります。一番嬉しいのがこの時です。しその量によって紅の濃さ薄さがきまります。元のようにきっちりかめの口を包んで土用を待ちます。

照りつく土用の天候の定まった時、三日三晩の土用干しが始まります。梅をかめから取り出して竹笊に一皮並べにして干します。梅酢は一滴といえどもこぼさぬように工夫しましょう。しそも堅く絞って竹かごに平らに並べて干します（ゆかりのため）。麦わら帽子をかぶり、日中に梅をひっくり返したりしそを干したり、陽焼で真黒になります。夜干しをすると、塩がもどり、梅はしっとりぬれます。太陽に干されてしわがより、夜露で塩がもどる。これを三日繰返すと、やわらかな梅干が出来上ります。

最後の仕上げは、ザラメと焼酎を用意します。紅梅酢を一升瓶に入れて保存しましょう。かめの中に梅干を二段くらい並べ入れたらザラメをパラパラふりかけ、焼酎を五本の指でつかんでパッパとふりかけます。これを最後まで繰返します。最後にしそで表面を覆うように敷きつめて出来上りです。ハトロン紙とビニールでかめの口を包み、ゴム紐できっちり止め、年月日を記したエフをつけます。

九月にはいってから食べはじめましょう。一年間そのままにして置くと、塩気が練れてとても美味しくなります。毎年漬けるのでどうしても残ります。五、六年前のやわらかい梅干は、なんともいえない味です。「白粥に梅干」、時にはこうした簡素な食べものが最高と考えられます。

紅じそがカラカラに干しあがったものを手でもむか、またはごくごく細かくきざむと、素晴しいゆかりができます。

私は梅干を裏ごしにしたもので歯をみがいています。朝、目がさめて、口をゆすぐのが楽しみです。歯みがきで口をゆすぐと、後口が悪く、せっかくの朝のお茶がどうしても不味でいけません。梅干でみがけば口の中はすっきりして、お茶もご飯もすがすがしくいただけます。

風邪のひきかけの折、梅干を黒焼にして露生姜を一、二滴、昆布をひとひら加えて、あつあつの番茶をそそぎ、フウフウいって飲むとたいてい風邪は退散します。土瓶に砂糖と梅干と水を入れてひと晩置き、翌朝これを煮立てて飲みます。梅糖といってなかなかよいものです。

煮梅

煮梅にするには、青梅、それも中梅か小梅のほうが食べやすく、見た目も可愛らしくてよろしいようです。瀬戸引きの器に青梅を入れて水をたっぷり張ります。竹楊枝の先を細く削って、青梅の表面をつつきます。小さな穴をたくさんつけて、次から次へと水の中につけもどします。全部穴をつけ終ったら水を取り替えて、ホーロー引きまたは瀬戸鍋で火を弱くして煮はじめます。ガタガタ煮立つと皮がむけますから、ご注意ください。やわらかくなったら火を止めてさめるのを待ちます。別の器に水を用意して、はれものにさわるような気持で、やさしく静かに移し替えます。四、五回水を替えます。どの場合でも、水を用意して梅を水のほうに移します。面倒だからと竹笊にあけるようなら作っても無駄、とお考えください。四回目くらいの時、梅を一粒試食しましょう。渋味、苦味が抜けていて酸味が残っていればよいのです。

梅全体の約八、九割くらいの砂糖を用意して、砂糖、梅、砂糖、梅の順にホーロー引きの鍋に入れ、しばらくおくと砂糖がとろけます。鍋を火にかけましょう。三十分くらい弱火で煮ふくめてそのままさまし、広口の瓶にたくわえます。みどり色の甘酸っぱい煮梅は、梅雨時の何かさっぱりしない口に、まことにさわやかなことこのうえもありません。数々のお料理の間にちょっと一粒、口中が清められ、次のお料理への興味がわいてこようと申すものです。

梅ジャム

クリーム色に透き通った、さわやかなジャムです。よく熟した梅で作ります。水から静かに茹で、茹で汁が人肌にさめてから水を替えます。最初の茹で汁はとって置きます。半日がかりのつもりで数回水を取り替えれば梅の苦味、酸味がほどよく抜けるはずです。水を切って、裏ごしにしましょう。梅と同量くらいのザラメを加え、ザラメのとろけるのを待ってゆつくり煮つめます。おろしぎわにひとつまみの塩を加えます。梅の実の熟しあんばい、梅の木の種類で持ち味が違い、茹で方、水の替え方でも多少の違いを生じるのが当然なので、ザラメの分量をはっきりきめられません。そのうえ、甘みの好き嫌いがありますから、そのへんはご自由になさるのも勉強です。

余談になりますが、梅ふきんというのをご存じですか。煮梅、梅ジャムを作る時の第一回目の茹で汁、また梅干漬の時、選からはずれた不用の梅を茹でた汁、その汁で布を煮て干すのです。手拭、タオルの使い古し、絹、麻、ガーゼ等梅ふきんとして、絹は塗物、木地物のつやふきん、麻はガラス製品、手拭、タオルは家具用にと使い分けてあなたの家具の艶出しや道具の手入れに役立ててください。

水蜜桃《すいみつとう》

桃から生れた桃太郎さんの桃、あの形の桃は私の子供の頃は天津桃といって、紅と白のぼかしになった美しい桃でした。けれど、皮をむくともっと真赤で、堅くて酸っぱくて、口に入れるとブルブル身ぶるいが出るくらいのものでした。甘く煮て食べさせられたり、父の夕食の水貝の器に、二切れ三切れ浮いていたのを思い出します。近頃は桃と申せば水蜜桃のことです。早生《わせ》から晩生《おくて》の白桃まで時期が永く、西瓜の出盛りまで楽しめるのは幸です。

昭和二十年三月の大空襲で、名古屋の覚王山にあった私の住まいはひしゃげた折箱のようになり、愛知県篠岡村の永井家の離れに疎開する身となりました。篠岡村は緑一色に包まれた信貴山の麓、地味の豊かな農村でした。この疎開中に学んだ数多い勉強が私の第二の人生のものの考え方になったようです。桑摘み、かいこのお手伝い、畑のお世話のなかから得た尊い教えは、今まで学んだ何よりも腹にしみ、天と地のあるかぎり己の力で生きなければならぬことを知りました。神の大きな力に守られつつ、吾にきびしく生きることの倖せを知りました。それを記念して、私は今でも菜園を作りつづけております。この篠岡村の水蜜桃が私は日本一と申したいのです。

早生《わせ》、中手《なかて》の大久保、白桃にいたるまで、篠岡村の桃はまことに素晴しい味です。成熟した芳潤な香りと甘味、したたるツユ、まことに自慢するに足ります。赤味がかった白桃は一般には好まれませんが、永井氏のご説によれば、白桃といえど、直接太陽にあてたほうが味よくなるのだそうです。もいだ翌日には消費者の口に入れたいと、箱は一列ならべに可能なものを作り、名古屋から夜行トラックで築地に送られます。一度篠岡の桃を食べるとすぐ注文がくるが、量的にまかないきれず残念だ、とのことでした。それでも年に一、二度は篠岡の桃に逢う倖せを得ております。

白桃の名産地、岡山、広島の成熟期に、その産地で味わう倖せにまだ恵まれぬのが残念でなりません。唐墨《からすみ》を肥料にされるH平、T惣友の会など、毎年お手厚い荷造りで送られてくるのですが、輸送の関係上、成熟したものの荷造りが不可能なためか、ナイフで皮をむかなければなりません。手でむけるまで熟すのを待つと外側から種の近くまでの味のつながりに少なからぬ不満感が生じます。種の周囲に未熟な味がまつわり、苦く変化しています。型、大きさ、香りは申し分ないのですが、作り主の精進を思うと残念でなりません。

果実はすべて冷やしていただくのが常識ですが、冷やしすぎると味をそこなうものがあります。桃もその一つで、一、二時間が食べごろです。永い間冷蔵庫に入れておく場合は、ボール箱に入れてビニールで包む心得くらいはほしいものです。

生で食べる以外、煮た桃も捨てがたい風味のあるものです。皮をむいて種をとった桃を二つ割りか四つ割りにして瀬戸引きの鍋に入れ、桃の八割くらいの砂糖を加えて弱い火で静かに煮ます。レモン汁をかけて、冷やしていただきます。煮つぶしたものにプレーンソーダを入れて飲みものにするのもよろしい。アイスクリームやシャーベットにすれば、冷菓として喜ばれます。砂糖を桃の同量にして煮たものを貯蔵するのもよい方法です。広口のビンを二十分熱湯消毒して煮た桃を詰め、さらに十分、ご飯蒸しで蒸しておきます。

桃は非常にいたみやすい果実です。力を入れてつまみ上げたり、熟しているかいないかなどと、指で押えたりすればすぐ傷ついてしまいます。みかんやりんごといっしょにされては可哀そう。こわれもの扱いにいたしましょう。店先に並べてある桃を、心なく選り好みする人のあるのを見て、ほんとうに痛ましい気持になります。

もさつく毛織物を脱ぎ捨てて手織紬に晒の襦袢の肌ざわり、細めに絹の半衿をのぞかせ、胸元をゆったりと、腰へ低目きりりと帯を締めた、ごくごく普段着の、夏のとっつきの清々しさ！　身軽な着物姿を楽しむのに一番よい季候ではないでしょうか？　冷奴に空豆の塩茹で、鮑の酢のもの、レモン汁をたっぷりかけた鱸の包み焼、蓴菜《じゅんさい》の赤出し、料理屋へ行けば目のくらむお金が飛び出しましょうが、家庭の手料理ならさして財布にひびきもしません。店屋の六分の一か七分の一の費用ですみますもの……。

空豆《そらまめ》　枝豆《えだまめ》

空豆

空豆の塩茹では四月末頃から未熟のものを小じわのよるくらいの時から食べはじめ、お歯黒が着いてびっくりするまで食べ通すのが私の慣しで、「そろそろまた始まりました」が合言葉です。空豆のさやは薔薇《ばら》に緑肥としての効能があるとか。お蔭で薔薇の花は大喜びで、根元を空豆のさやでおおわれることになります。

その間にむきえんどうが出盛り、空豆の姿が見えなくなると、はや早生の枝豆が顔を出し、秋も半ばを過ぎて山の茸狩ともなると、黒豆の枝豆がさや豆のしんがりをつとめます。豆名月は田のくろ豆をお月さまに差しあげるのです。

枝豆

枝豆の最高の美味しさは黒豆にあると思います。枝つきのまま大釜で、どっさりもっちり茹であげたものは一度食べたら忘れ難い味です。中の豆がまだ黒豆にならず紫色に色づき、茹であがったさやの上からそれとうかがわれるねずみ色のふくらみ、食べても食べてもきりがないものです。山のような豆の残骸に驚くようでは豆を食べたとはいえません。

小付の塩茹では両端を鋏で切って水をさっとかけ、塩をたくさんまぶしつけてごしごしもみます。意外に土のよごれがついていてねずみ色の汁が出ます。よく水洗いをしてから茹でにかかってください。青く茹でる——この青い色目にとらわれず、豆の甘味が大切と知って色は少々悪くても、豆のうま味を味わうようにしましょう。

茹で豆の演出とでもいいましょうか、できうるならば茹でたてのあつあつを頃合いを計って出したいものです。得てして簡単なものから先に仕上げがちですが、まず空豆の塩茹でを先にして、これで一丁出来上り。さてお次はーという具合に手順を運ばず、簡単なものは下準備だけをしておいて、仕上げを後回しにするのです。食卓についてビールの一杯を飲み干した頃、湯気の立った茹で豆を出してごらんなさい。空豆や、枝豆のお値打ちが二倍にも三倍にもはねあがるのです。こんな気働きが小鉢物に盛りあげられるのが楽しみなのです。ちょいと箸に二口、三口が勝負のしどころ、きりきりしゃんと、そんな心意気で……。

空豆の甘露煮

空豆の甘露煮、赤紫の皮までやわらかいふくませです。なんぼ空豆の塩茹でが好きで連日食べつづけても、お歯黒がつきはじめて皮が少し白っぽく、中身が黄ばんでぱっちりしてくると、塩茹での楽しみも色気のないことになります。それでもまだ空豆への執念が断ちきれず、なんとかやわらかく食べたいとの一念が、ついにこんなものを作らせた結果となったわけです。そのうえ、皮まで食べられるという余得にありつけたのですから嬉しくなりました。十日の菊とは知りながら、書かざるをえぬ気持、おわかりいただければこれにすぎるもののない喜びです。

さやから出した空豆八百グラムは、ホーロー引き、土鍋など、なるべく部厚い鍋に入れて、豆の表面より三、四センチの高さに水を張ります。重曹小匙一杯半を加え、落し蓋をして、蓋が浮きあがらない程度の重石をのせます。二百五十グラムくらいの瀬戸物皿を利用します。煮立つまで中火、煮立ったら弱火にしてやわらかく茹でます。煮立つほどに茹で汁が赤く紫に変化しますがそれでよろしい。やわらかくなったら火を止め、人肌くらいにまでむらします。次いで、落し蓋をしたまま水を注ぎ入れて水を取り替えます。水を充分に張ったまま三十分から一時間おき、また同じようにして水を取り替えます。これを三、四回繰返し、重曹っ気を抜くのです。豆を一粒食べて重曹っ気の有無を試しましょう。よしときまったら、静かに、完全に近く水を切ります。カップ二杯の砂糖とカップ一杯半の砂糖で作ったキャラメルソースを加え、塩小匙半杯を加えてゆっくり煮ふくめます。とろっとした甘露汁が三分の二カップほど残るくらいがよいでしょう。赤紫に艶々と、香ばしい甘露をふくんだ、お歯黒豆の時期にしか味わえぬ甘露煮ができあがります。小鉢に五粒ほど盛り付けておすすめください。

ピース

空豆につづいてピースがおいしくなります。むきたてのピースは塩茹でにしただけでもいいものです。茹でたてのほやほやを一粒一粒つまむのは家庭ならではの味です。ピースを茹でる時に、豆がやわらかくなったといっても、すぐ笊にあげてしまってはいけません。すぐ上げてしまうと、豆の表面にしわがよって、さめるにしたがって堅くなってしまいます。豆がやわらかくなったら、火を止めてそのまま豆をむらしてみてください。むらしが通ればしわがよることはありません。これが空豆や枝豆と茹で方が違うところです。

淡煮ピースは家族の好物の一つです。むきたてのピースにひたひたの水を加え、弱火で煮はじめます。鍋の豆が煮立ってガタガタ踊るほど強火だと、豆の皮がはがれて浮きあがり、ついには豆が煮くずれてしまうことになります。火加減に注意しながら、一応豆がやわらかくなったら、砂糖と醬油または塩で淡味にととのえるのです。豆四百グラムに対して砂糖大匙一杯から一杯半、醬油大匙半分、塩なら小匙三分の二くらい加えて、味のしみ通るまで煮つづけるのです。塩だと豆の色がきれいにあがります。汁とともに匙ですくいながら食べるのもよし、ご飯にかけて、即席ピースご飯にしても素敵です。関東大震災の直後まで、末広という鳥料理屋があってそこの鶏そぼろが大好きでした。淡煮のピースに鶏のそぼろがたっぷりかかり、黄身餡《あん》がとろりとかかって、それはそれは出会いのよい小鉢でした。末広の姿は消えましたが、子供の頃のその味はいつまでも私の舌の上に残り、うろ覚えの味を思い出して、似て非なるものかもしれませんが、わが家のご馳走の部にはいっております。

胡瓜《きゆうり》

昨今はビニールハウスによって農業技術が長足の進歩をしております。ほとんどの野菜は、戦前とは一ヵ月以上も早く食膳に上るようになり、私ども明治者は野菜の季節感がすっかり狂って戸惑うばかりです。胡瓜は昔から寒のうちでも特殊高級品扱いの八百屋にありましたが、それらは高級料理屋が刺身や酢のものにあしらうのがせいぜいでした。けれど近年は一年中立派なそして味のよい胡瓜がどこの八百屋にも並べられ、四季を通じてだれでも、割合恰好な値で使えるのはまことに幸なことではありますが、いつでもあるのはどんなものでしょうか?

ビニールハウス作りの促成胡瓜が終ると、露地ものの半白が出回りはじめ、追いつくように余蒔《よまき》の地這が出回るのが関東周辺の慣しです。西のほうへ行くと長い胡瓜が多く、どの胡瓜も本質は胡瓜に違いないのですが、それでもそれぞれに特徴があり、違いがあるのは、不思議なことです。

私の畑の余蒔の地這胡瓜も、今のところは無事に成長をつづけております。四月下旬に播いたものは八月いっぱい収穫が可能で、七月上旬に播いたものは霜の降る頃まで実りつづけてくれます。朝早く畑に出て、朝食のサラダ用に二、三本、夕食の糠味噌にも二、三本、切り口を下に向けて台所に持ってきます。切り口を下に向けると、苦味がとれるといわれているからです。最盛期にはムクムク大きくなるので食べきれなくなります。ほどよい大きさの胡瓜に、紫紺色の茄子、紅色の茗荷の子、どじょういんげんなどを取り混ぜ、桔梗に女郎花を添えて、露の干ぬ間にご近所にお配りするのも楽しいものです。

朝見た時は親指くらいの太さでしたから、夕食の諸味《もろみ》胡瓜にはちょうど手頃だと見当をつけて夕方もぎに行くと、大きくなりすぎてアラアラと思うことがしばしばです。取り残されたものがお化けのように太く大きくなって四つも五つもドッタリと転がっているのを見ると、おかしいやら、すまないやらで、大あわてで鋏を入れます。パンパチに実の入った太い胡瓜は、皮をむいて種をとり、煮ることにしております。他愛のない味のなかに独得の風味があって、お腹の中が温まるような気がします。

干えびと椎茸を使って濃いめの鰹節の出汁で、最初からごく淡い醬油味でコトコト煮て清汁に仕立てます。または新鮮な飛魚を三枚におろしてぶつ切りにして、昆布出汁で椎茸、茄子、胡瓜をたくさん入れて煮込んだお清汁も、夏の汁ものとして私の自慢の一つです。茗荷の薄切りや青じそのせん切りを添えましょう。鶏の挽肉と餡《あん》かけにしたり、種をくり抜いて合挽肉を詰めて、スープ煮にすることもあります。

子供たちに夏の昼食に食べさせる、煮サラダと名づけているものがあります。材料はベーコンににんにく、月桂樹の葉、玉葱、人参、胡瓜、茄子、ピーマン、どじょういんげん、トマト。以上を山のように用意いたします。まず厚手の鍋でベーコンを弱火で炒めて油を十分出します。にんにくを加え、火が通ったらサラダ油を加え、トマトだけ後にして野菜を全部切って入れます。水は一滴も使いません。弱火にしておくと野菜からそれぞれ水気が出て、たいそう工合のよいことになります。六分どおり野菜が煮えた時、塩と胡椒、化学調味料で味をととのえ、最後にトマトを加えます。すべての野菜がほたほたに煮えたら、鍋を火から下ろす直前に酢を少量かけて鍋まわしをします。材料と調味が、ほとんどサラダと同じなので煮サラダと名を付けたのです。

これから当分の間胡瓜が出盛りますから、成熟したものは、煮て召し上ってごらんなさいませ。なかなかいいものです。

赤紫蘇《あかじそ》　塩薤《しおらっきょう》　焼味噌《やきみそ》　茄子《なす》の胡麻だれ漬

赤じそ

梅酒、梅干、らっきょうはお漬けになりましたか？　今年は春からの野菜高に引きつづき梅、らっきょうがお高くて困ったものでございます。土用にはいっての梅干ほしは、毎年のことながら炎天下を出したり入れたり、並べたり返したり、いっぺんに陽焼けしてしまいますが、梅の乾く匂いは暑気を払うばかりで本当に心地よい匂いです。干すほどにしわが深く、漬けるたびに赤くなってゆく梅干に丹精こめては「今年も無事に梅干を漬け終りました、行事の一つを果しました」と感謝しつつ瓶の封をして、一年間は手をつけず、前年度の瓶から封を切るのです。

今年漬けの赤じそでなければ味の出ない、私どもの楽しい夏の小付があります。赤じそを梅酢から出したら固く絞り、拡げて半日くらい干します。半乾きになったところで細かく刻みます。別に鰹節の芯の上等なところをたくさん花がつおに削ります。花かつおがしっとりする程度に醬油をかけます。醬油をかけすぎるとべたべたになるうえに醬油臭くなるので、すぎないことが大事です。しっとりした花かつおとしその葉の刻んだものを同量混ぜ合せ、白胡麻を香ばしく煎って、庖丁で切ったものを適当にふりかけます。酒の肴、箸休め、温かいご飯、おむすび、暑中の食欲不振はこれで救われております。しそのない方は、梅干をつぶして同様にお作りになればよいでしょう。

塩らっきょう

塩らっきょうも、またよい暑気払いです。らっきょうと塩によって自然にかもしだされた、あの酸っぱい味が甘酢漬のらっきょうに求められぬ持味で、食べた後口がさっぱりとしてだれにも喜ばれます。必ず塩出しをいたしましょう。塩出しを充分にすることが、塩らっきょうの持味を活かす方法です。前後を切って一皮むいて、小ぎれいに手を入れましょう。ごく冷たく冷やしてください。涼しげな器に氷をたっぷり入れて、盛ってください。らっきょうの値打が数段上がることお請合いいたします。

焼味噌

焼味噌も夏のものです。貝鍋で焼いて食べれば一番よいのですが、有り合せのお鍋で充分間に合います。味噌は八丁味噌なら最高です。用意するものは、茄子、青じそ、生姜、獅子唐またはピーマン、ごぼう、いんげん、胡麻油と花かつお。いずれも細かく切ります。胡麻油を煮立てて野菜を炒めます。野菜に火が通ったら味噌を入れて炒め焼にします。焦げつかないよう用心してください。獅子唐、青唐のひりりとした風味が、暑中の味噌汁代りにうってつけの食べものになります。ただし、子供用にはピーマンが辛味がなくて安心です。

茄子の胡麻だれ漬

茄子の胡麻だれ漬も、暑中にふさわしい小付です。胡麻は香ばしく煎って、味噌になるまでよくよく摺ります。私は常備用として練り胡麻を使っておりますが、摺るにこしたことはありません。生姜をおろして胡麻の五分の一くらい混ぜ、味醂と醬油で固めにどろどろにときます。甘味をお好みの方は砂糖を使ってもよいのですが、胡麻を充分使うと胡麻からの甘味が、なによりの風味と思います。胡麻だれの用意をすませてから仕事にかかりましょう。鍋を火にかけて胡麻油を入れ、煮立ちはじめたら茄子を切って直ちに油焼きします。茄子を切りながら油焼するところが特徴なのです。両面こんがりと焼きめがついたら、順に胡麻だれに漬け込みます。次から次へ焼いては漬けてゆきます。茄子から汁が出て、胡麻だれはほどよく淡く、自然の甘味が増します。胡麻と生姜と醬油の出会いは、茄子の焦げめに渾然ととけ合って食欲をそそります。あつあつもよし、冷たく冷やしてもよし、暑さのため食欲不振の胃の腑に、少量で、衛生的で、滋養の高いものとおすすめいたします。

馬鈴薯《ばれいしょ》（じゃがいも）

女学校時代、植物の教科書では馬鈴薯と習いましたが、八百屋に行って馬鈴薯ではちょっとおかしいようです。「おじゃがちょうだい」のほうが調子が出ます。秋いもの横綱がさつまいもなら春の横綱はじゃがいもではないでしょうか。当り前すぎるのでなんだと思われるでしょうが、よくよく考えると自然の恵みの豊かさ、不思議さに気づかれることと思います。馬鈴薯の淡白な澱粉質は春の気候にふさわしく、さつまいものこっくりと重厚な澱粉は実りの秋にふさわしいと気づかれるでしょう。

野菜はお百姓さんが作って八百屋さんで買うものとしか知らなかった私が、野菜の本と首っ引きで道端や野原の草にまで食べられるのではないかしら、と趣味をもち、家庭菜園をつづけているのは戦争の残した貴重な遺産と考えています。育ち盛りの子供を食糧事情から少しでも守りたいと、だれも鍬を入れなかった石ころの山地を二段《たん》ほど借り、生れて初めて鋤、鍬を持って畑仕事をしたのが始まりです。坂道をよろよろしながら肥料をかつぎ上げたり、炎天下の草取りもしました。馬鈴薯の種を手に入れるのがひと苦労でした。さつまいものつるを何里も先のお百姓に頼み奉って分けてもらったりしたものです。

新じゃがの採り採りの味なんか、実際にやってみた者でないとわからぬ楽しさです。わが手で作ってみて皮も捨てられぬことがわかりました。初めて農家への感謝もわかりました。

終戦の年の三月集中爆弾で住んでいたところは目茶目茶になり、ついに疎開をしました。愛知県東春日井郡（現小牧市）の大きな農家でした。私はそこの家の一員になって一所懸命に働かせていただきました。じゃがいもの取り入れ時は、麦刈り、苗代の作業、お蚕は掃き出すし、さつまいもの芽は出る、まったく猫の手も借りたいとはこのことをいうのだと思いました。

ある朝、牛に餌をやろうと、餌桶を見たら、丸い、可愛い新じゃががスコップに三、四杯も混っていました。「おばさん、こんないいおいも牛にやるの？」「そんなくずいも、水っぽくてどもならん、納屋にあるから牛にやっちょ」。

所変れば品変る、ちょっと驚かしてやろうと、小粒のじゃがを二貫目ほど丸揚げにして大皿に盛りあげ、塩をパラリとふって、「これ牛の餌よ」と出しました。皆それこそオッタマゲました。こんな美味しいおいもが、あのくずいもかとたちまちお皿は空になって、当分の間毎日これを作ってくれといわれ、納屋のくずいもは台所の土間に運ばれ、牛様は上等な大きいじゃがを食べることになりました。

都会でも新じゃがの出盛りは小粒が安いものです。皮をむかずに丸ごと油で揚げてみてください。油は疲れたもので結構です。なぜなら、皮のために身の中まで油が滲み通りませんから疲れた油が気にならないのです。粉チーズをふりかけてくだされば上等です。お腹をすかせて学校から帰ってくる子供たちのお三時に、栄養もあり、食べすぎても差障りのないものとおすすめいたします。

成熟したいもを粉ふきにして良質のバターやチーズをのせて、溶かしながら、熱いのをフウフウ食べるのが一番おじゃがらしい食べ方と申せましょう。

サラダにする場合は、皮つきのまま丸茹でにして完全にさましてから皮をむいて切ります。馬鈴薯はさめると澱粉質がしまって堅くなるので、くずれなくなるのです。したがって、切れめもきれいならマヨネーズと合せてもくずれるようなことがありません。茹でたてを切るとくずれてしまうのは、どなたもご経験がおありでしょう。

田で作ったいもは〝田いも〟といって、水っぽくておいしくありません。〝畑いも〟と申して、畑で作ったいもが美味しいのですから、買う時は注意してお求めください。

じゃがいもの糠味噌漬

皮のまま糠味噌に漬け込みます。大きさによって漬かり加減が違いますが、卵大のじゃがいもで三日くらいがちょうどよいでしょう。皮をむいて、ごく細いせん切りにして、俎板の上でよくもんで、水で流し洗いをして、きりっと絞りあげます。小皿に三箸、四箸くらい盛り付けて、かけ醤油（酒と醤油、または味醂と醤油を同量に混ぜる）をかけて、花かつおを天盛りにします。なんだかわけのわからぬおつまみになります。不意のお客様のあるお宅なら、余分に漬けておいて、古漬けになったものを、同様に刻んで完全に酸っぱい味を抜くほどさらしあげ、同じようにして召し上ると、乙なお箸休めができて重宝いたします。

やはり新じゃがいもの皮をむいて、できるだけ細く切って一度水でさらし、熱湯にさっと通して、固く絞って、三杯酢をかけます。天盛はやはり花かつおがよろしいでしょう。このじゃがいもはしこしこして、これまたちょっと目先の変った小付になります。

さつまいもも同じようにして用いられます。このほうは甘味があってこれは何でしょう？などと、小首をかしげられるようなものです。

揚げじゃがいも

ポテトチップは、皆さまお好きですね。お三時なども、なまじのお菓子よりこのほうが好まれるようです。つい最近、一袋百円也の袋を見て、あまり高いので驚きました。こんなものを買って食べていては、いくら月給が上っても足りっこないと痛感したのです。百円一袋のじゃがいもは大きめのもの一個半くらいのものでしょうか。

丸のまま同じように薄く切るのがむずかしいのですから、千六本に切ってみてください。これならどなたにも切れるでしょう。水にさらしてパリッとさせ、さらにふきんに包んで水気を拭きとって、油でカラリとなるまで揚げればよいのです。ただし、油の温度に注意しましょう。熱しすぎた油では、すぐ黒焦げになります。弱火でゆっくり、淡クリーム色に揚げてください。さつまいもを同じような要領で揚げたのも甘くていいものです。ただし、じゃがいもは芯をからりと揚げなくてはなりませんが、さつまいものほうは九分どおり揚げるのがコツです。さつまいもの揚げすぎは、固いばかりで味気ないものです。この揚げじゃがいもをカレーライスまたはハヤシライスにたっぷりかけていただくと、とても素晴しいのです。不思議とご飯との調和がよくて、出会いの妙とはこんなものかもしれません。

南瓜《かぼちゃ》

いも、たこ、南京《なんきん》、芝居、こんにゃく、女性の大好物の代表とか。そんなに言い囃されるほどの大好物とは、どう考えてもうなずけないのですが、皆さんはいかがですか？　子供の頃腕白小僧たちと〝何は南京唐なすかぼちゃあ〟とわめき回ったのは、それが何の意味なのか、まだわかりません。ちょっと足りない間抜け人間を〝うらなりかぼちゃ〟というかと思えば、〝このかぼちゃ野郎〟となると落語の熊さん、八つぁんの掛合いだし、なかなか愛嬌のある野菜です。

一般につるものには元なりに対してうらなりがありますが、私の家庭菜園の経験では、最初に実る元なりより、二番目からのほうが実績が大きいように思います。西瓜、茄子、胡瓜、白瓜、へちまも同じように思っています。戦中、戦後の想い出話が出ると〝皮膚の色まで変るほど、それこそ一生分のかぼちゃを食べたので、もう顔を見るのも嫌だ〟という人も出て、〝かぼちゃに恨みが数々ござる〟などといわれては、かぼちゃこそいい迷惑というものです。しかし、カロチンを多量に含んだ栄養価の高い食品の一つとして、おおいに面目を一新している野菜ですから、和風、洋風、中華風と、いろいろ工夫して召し上ることをおすすめいたしましょう。ことに五月の末から六月にかけては、元なりのかぼちゃが出回り、いわばかぼちゃの食べごろといえます。花つきが小さくて、大きさの割合に重いものが美味しいものとされています。

大きめに、たっぷりに切って、水を主にして、かぼちゃの持味を引き出す程度の砂糖を少量、塩と少量の醤油で色をつけ、ほんのりうす甘い味付けにして、とっくり煮ふくめるのが和風としては一番よいのではないでしょうか。黒皮かぼちゃにつづく縮緬かぼちゃ、栗かぼちゃにしても同じことが望ましいと思います。一度揚げてから味付けをして煮るのも、お惣菜として若向き、子供向きに喜ばれます。また、挽肉との出会いがよいのも不思議です。油や蛋白質を上手に組合せて調理するのは、まことに賢明な方法と考えますので、どしどし新しい食べ方を工夫研究していただきたいと思います。裏ごしにしてクリームスープにしたり、バターや卵を加えてお三時を作るには栗かぼちゃがよいようです。

困るのは水っぽいかぼちゃにぶつかることです。半分煮たけれど、水っぽくて、残りをどうしようか、という時です。そんな時はぜひ生《なま》で召し上ってみてください。甘くて、口当りがなめらかで、第一に色どりが美しく、とてもいいものです。また、糠漬にするのも一法です。紫紺の小茄子との配色も美しく、その薄みどりは、黒の飴釉の新香鉢にまたとない色彩をかもしだしてくれます。生で食べるには、充実した元なりですと、コツコツしますが、うらなりであるためにサクサクして食べやすいのに気がついて、大儲けしたような気がしています。

栗かぼちゃの充実した種は、さなごを取って、よく洗い、天日に干して、煎って召し上ってみてください。また、香ばしく煎ったものを摺って、和えものの衣に用いますと、とても油気があって、胡麻や胡桃に求められないいい味になります。かぼちゃ畑を見ては、この大きい葉や茎を食べられたらなあと欲ばったことを考えますが、ざござごと痛いトゲゆえに、まだ手をつけかねている次第です。

新牛《しんご》蒡《ぼう》　新キャベツ　新玉葱《たまねぎ》

新ごぼう

新ごぼうがやわらかく、香り高いのも初夏の味です。香りを歯ごたえで楽しむためには、笹がきごぼうの水をきって、胡麻醤油をかけ、花かつおをかけていただくのが一番よいでしょう。一度お試しください。新人参、こんにゃくとともに乱切りにして、若鶏または鶏もつと煎り煮にするお惣菜も、新ごぼうのやわらかい頃が一年中で一番おいしく感じます。お精進用として、ごぼう、人参、こんにゃくを乱切りにして、吸ものよりやや塩をきかせたくらいの淡味で下煮をしたものに、さやいんげんを青みにして、胡麻醬油で和えるのも、さっぱりしてなかなかよろしいものです。

また、たたきごぼうも乙です。ごぼうを鍋の長さに合せて切り、糠をひと握り加えてやわらかく茹でます。真白に茹であがります。水でよく洗い、ふきんで水気を拭きとり、俎板に並べて、擂子木で軽く叩き、適当な長さに切ります。胡麻醬油に少々の酢を加えたもので和えます。これも、新ごぼうが出はじめるころ、きまって作るお惣菜の一つです。

新キャベツ

豊作貧乏とか。三浦半島の農家では去年の値上りに気をよくして、今年こそはと多量作付したら天候に恵まれて大豊作、運賃にも引き合わないので、畑のこやしにしているとか。そんなニュースが片方にありながら、八百屋の店頭では相変らずお高くて……「そりゃあ、きこえませせぬぞえ」。

即席漬、糠味噌漬、ベーコンと丸煮等々にしますが、キャベツ巻が一般向のお手軽なお惣菜でしょう。キャベツ巻でいつも思い出す大失敗談があります。下の子供が四、五歳の頃だったと覚えていますが、私もまだ若くて張り切り最中だったので、質より量とばかり、一人前二個ずつの大きな大きなキャベツ巻をどっさり煮ました。スゴイナー大きなキャベツ巻！と皆が大ニコニコでぱくつきはじめました。下の子供は小さい口元を大きく開けてカブりつき、やわらかいので安心してか、空き腹だったのか、夢中で食べていたら、キャベツの筋（纖維）が嚙み切れず喉から口元まで一直線に残ってぶら下り、目を白黒パチクリしだし、あわてて引っ張って事なきを得ましたが、まったくびっくり仰天しました。若い時を振り返るとこんな不注意の連続で、よくもここまで無事に子供を育ててきたものと、あれこれ思うと背筋が寒くなることばかりです。

以来わが家のキャベツ巻は、一枚を半分あるいは四分の一にして肉を包むと、だんごの竹串で二、三個一串にさすことにしました。恰好もよく、やわらかくとろけるようなキャベツ巻は薄煮（醬油味）、クリーム煮、トマト煮等で好評を得ることになりました。負った子に道を教わるとは……。

新玉葱

新キャベツが出回ると次が新玉葱です。冷地産、高原産の玉葱が暖かくなるとうなぎ上りに高くなって、玉葱を手にして口惜しくなるのが毎年のことです。新玉葱を見て、やれやれと一息つきます。薄切りを水にさらし、花かつおとおしたじでいただいたり、サラダにするのは皆様もご存じのとおり。新玉葱を丸のまま、四、五個、キューブ一個（マギー）をカップ四杯の割合の水で一緒にコトコト煮つづけます（一時間以上）。塩で最後の味をととのえ、白ぶどう酒、セリー酒、または日本酒を入れて出来上りです。ぽっこりほったり、丸のままの玉葱を匙ですくいながら吸いあげます。簡単にして明瞭とは、このようなものと申しましょうか。

糠味噌の床

夏になるときまったような問合せは、糠味噌の美味しいのが食べたい、茄子を色よく漬けるにはどうしたらいいでしょう、との言葉です。「糟糠の妻」なんという言葉が見捨てられ、糠味噌女房、糠味噌臭いなどと嫌われがちなのにつれて、糠味噌の手入れはたいそうめんどうなことの一つになり、即席既製品のポリ袋入りの漬物の売行きがよいようです。けれど、冬の間はどうにか間に合いましょうが、夏ともなれば単なる塩漬ではすぐ質も味も変ってしまいましょう。漬けすぎて古漬になっても、またそれが一種特有の持味を楽しめる糠味噌が思い出され、青々した胡瓜の浅漬、紫紺色の茄子の丸漬にたまらぬ魅力を感じるのも当然のことです。私のように、祖母から伝わった齢《よわい》百年を越す糠味噌を嫁入り道具の一つに持ってきて、戦中、戦後をくぐり抜け、今もって健全な糠味噌を、わが家の歴史の一つと心得、守りつづけられるのは、幸中の幸と感謝し、心ひそかに自慢にしております。

梅の実の盛りのころが、常日頃の手入れにさらに輪をかけて、一年中で最高の手入れ期間です。今年は梅が豊作で、わが家の梅も鈴なりです。梅干を漬け終って、同時に糠味噌の中にも梅をたくさん漬け込みました。二、三升も入れたでしょうか。梅を入れるのは、味をよくするためと、梅の酸による衛生的保存強化の目的のためです。つまり、梅の二、三升分の梅酢は殺菌のために効果があると考えるからです。そのうえ、香味を添えるために山椒の実をカップ三杯ほど入れるのも、入梅中に毎年きまって行なうわが家の手入れの方法の一つです。糠味噌は、瀬戸引き（ホーロー製）の二斗入りの漬物用の器を使っております。今年新しく糠味噌を作ってみたい方のために新床の作り方を申し上げてみましょう。

糠は、つきたての香ばしいものを米の配給所からお求めください。煎ることは不必要です。なぜなら、糠の発酵によって糠味噌の命があるわけですから、火を通して煎っては発酵が充分でないと考えるからです。海水くらいの辛さに塩水を作り、煮立ててください。糠をその熱い塩水で練りあげます。やわらかさはお味噌くらいでよいでしょう。糠一斗に対して和辛子を二カップ、唐辛子を三十本、大豆二カップ用意いたします。

和辛子、唐辛子、大豆を全部糠に加えてよく混ぜます。大豆はさっと水洗いをするだけです。これに大根の葉五本分、そして発酵を始めます。三日たったら大根とキャベツから水気が出て、糠味噌がやわらかくなり、そして発酵を始めます。三日たったら大根とキャベツは取り出してまた新しいのを入れなおします。キャベツのほうは、食べても、どうやら食べられる程度です。一週間目くらいに、出し昆布を入れたり、ビールを二本注ぎ入れます。もったいないようですが、これでうまみが増します。出し昆布を入れたり、にんにくを丸のまま入れるのもよいでしょう。小かぶ、大根など水の多く出るものから先に漬けはじめて胡瓜や茄子を漬けます。出し入れの折、一日一回底からかき混ぜることが何より大切です。月に一回、日をきめて辛子と大豆の補給をします。三週間もすると、よくねれて、夏中糠味噌が楽しめることでしょう。

「糠味噌の臭味は、発酵素を死なせるためで、絶えずかき混ぜて酸素をあたえれば酵素が死なないので、したがって臭味を生じないのです」

ビールのおつまみ

初夏の太陽がカアーッと照りつけはじめると冷たい生ビールをジョッキでぐっと一杯ひっかけたい誘惑にかられます。一日の疲れが一杯のビールで吹き飛ぶ、まことに結構。ビヤホール、ビヤガーデンは、白いワイシャツの人たちで大入り満員。近頃は、ご婦人の方々も混ってなかなか頼もしいかぎりです。ビールの売上げの高い年は好景気とか、去年は不景気のなせるわざか、ビールの売上げがあまり伸びなかったようでしたが、本年はどうでしょうか。土曜、日曜ぐらいはわが家をビヤホールとされたらいかがでしょうか。庭の草取り、または芝刈りをして水まきをし、一風呂浴びて家庭用生ビールを適度に冷やして（夏は七、八度）、縁側で一杯。アパート住まいで庭がないなどといわないでください。お部屋を整理整頓して植木鉢の一つも置いて、湯上がりの部屋着にくつろいで、ビールで乾杯。「イイジャナイ」

私の主人は大のビール党で、ビール会社からほうびをいただきたいくらいです。長者丸（山手線恵比寿駅の近く）で育ったせいか、サッポロビールを飲み慣れて、その飲みっぷりたるや実に見事なものです。塩でみがいて油けを除き、麻のふきんで拭きあげた薄手の小さめのコップにビールをつぐと、一息にガバッと飲み干すのです。壮年の頃は友人を引き連れて帰っては、まるでビールの倉庫でもかかえたような気持なのでしょうか。「オイッ！　ビールビール」で、お蔭で私は質屋通いまでしたものです。

そんなことで、せめておつまみだけでも安くて、気がきいて、おいしくて、からだにさわらないものをと、三拍子ならぬ四拍子もそろったものを、ない知恵をしぼって工夫したものです。それをあれこれ思いつくままに申してみましょう。

おつまみと申すくらいですから、手でつまんでほうり込めるものか、せいぜい楊枝に刺して食べられるものです。からりとしてちょっと塩けのあるものや、しっとりしてこくのあるものなど喜ばれるようでした。

空豆、ピース、枝豆の塩茹では春から夏の味で、秋は煎りたてのぎんなんなど気がきいています。五、六月は島根県日ノ御碕のわかめを焼いていただいております。一年中絶えず繰返すのは、お正月の鏡餅を堅餅に干したり、寒餅をたんざくに切って一年分干しあげておき、揚餅にするのです。良質の昆布を揚げて混ぜ、盛りかごに盛るのですが、これはたいそうよく受けます。

ポテトチップ、これは前述しましたが、じゃがいもを薄く同じ大きさに切るのはなかなか技術を要するので、千六本に切って一度水にさらして揚げるのです。さつまいもを同じように扱うのもなかなかよろしいものです。ごぼうを木綿針の太さに切って水にさらし、生小麦粉をかけ、ちょっとまとめて揚げるとパリパリしてとても喜ばれます。らっきょうを塩漬けしてちょっと酸味をもつようになったものを、冷たくしてガラス器に盛って出すとどなたも絶賛されます。玉葱の薄切りを氷水でさらして冷たくパリッとさせ、花かつおをかけて生醤油を少々かけるのも、食パンの薄切りをサラダ油で揚げ、オイルサージンを玉葱でマリネしてパンの上にのせ、レモンの薄切りとときに辛子を添えるのもビールによく合うものです。

燻製、ハム、チーズの類、また木の実を三、四種類混ぜ合せたものをおすすめします。ビールにはなるべく、油けを使ったものをおつまみにされるほうが、からだのためによいようです。

アイスクリーム

文明開化のお蔭で、四季を通して四六時中アイスクリームが食べられる、いや、巷に満ち、山村の端々にまでアイスボックスがある、まことに嬉しい世の中になりました。

「おばあさんの子供の頃は、アイスクリームは夏しか食べられなかったのよ。病気になると、魔法瓶を持って銀座まで、一時間も二時間もかかって買いに行ったのよ。その待ち遠しかったこと、そしておいしかったこと。お家の皆が、アイスクリームが食べられてよかったね、もうお病気もすぐ治りますよ、といって喜んだくらいたいへんなものだったのよ」ときかせても、今の子供たちは変なことをいってるなあ、と気にも止めず、いっこう通じそうにありません。

しかし、その時代のアイスクリームと、今のアイスクリームとでは、味といい質といい大違いになってしまっているのではないでしょうか。昔の味がなつかしいのは、あながち子供の頃のアイスクリームに対する魅力が、そう思いこませているだけではないと思うのですが……。今の銀座八丁目を竹川町とよんだ頃の、新橋資生堂のアイスクリームは、卵の黄身をたくさん使っていて、卵の匂いとレモンの香りの高い、フランス式の冷菓にふさわしい風格でした。アイスクリームを食べたいばかりに、銀ブラに精出したものです。

亀屋の杏ヌガー、ミルクヌガー、銀棒、タッピィなど、どうしても買わずにいられないものの箱をぶらさげて、銀座からまっすぐ京橋を渡ると、交差点の向う角に星製薬があって、パーラーのアイスクリームが米国風で、白くて、スプーンの底がクリームに引っぱられるような、ねっとりさが、また、なんともいわれぬ魅力でした。星製薬のアイスクリームを食べて銀ブラが始まり、新橋の資生堂で終点。そのアイスクリームを食べなれた「舌」に、現代の便利至極なアイスクリームが、どうしても釈然としません。温かいような、プワプワしたアイスクリーム。食べ直しても食べ直しても、もう一歩、どうにかならないものか、と思うのは、よっぽど意地悪婆さんになったのかな？　とどのつまりが自家製となります。安くて衛生的で、おいしくて、そのうえ、混りものがないから栄養豊富です。

夏休みで、お子様方も暇をもてあます日もあるでしょう。一家総動員でのアイスクリーム作りも夏休みの思い出の一つになるでしょう。そして、子供たちに本物の味、ほんとうの味を知らせるためのいい機会でもあると思います。牛乳と卵に砂糖、レモンの皮のすりおろしたものかバニラを香料にして、生クリームの泡立てたものを加えれば、最高級のアイスクリームができます。ココア入り、コーヒー入り、抹茶入り、それらをさらにチョコレートサンデー、ストロベリーサンデーにおもむきを変えるなど、お好きなように。レモン、苺、ペパーミント、白桃、葡萄のクリームシャーベットなど、どんなに喜ばれることでしょう。

アイスクリームの作り方

アイスクリーム・フリーザー（電気モーター式）が売り出されました。ボーナスや臨時収入のあった時お手元にお置きになったらどうでしょう。私のは二十三年ほど前、通りすがりにふと目について買い求めた品（一回二十五、六人前）ですが、以来、アイスクリームは手作りで楽しんでいます。ですから、昔から、どうしてアイスクリーム・フリーザーが製造され、市販されないか不思議でした。アイスクリームやシャーベットはストッカーに冷凍保存する業者のアイスクリームだけがアイスクリームときめているらしい風潮を見ておかしなことだと思っています。

次に私の一番好きなカスタードレモン・アイスクリームの作り方をのべましょう。

材料

卵黄　三個

砂糖　八〇グラム
塩　ひとつまみ
コーンスターチ　大匙一杯
牛乳　一カップ半
生クリーム　一カップ
レモンの皮一個分（表皮の黄色のところだけを細かくおろしておく）
卵黄はカップ一の牛乳に二個の割合でよろしかったが、最近の卵は内容が悪くなって三個使ってもこくがでません。放し飼の鶏の卵でしたら二個で充分です。

作り方
砂糖と卵黄、塩を鍋に入れて、しゃもじでよく混ぜ合せ、次にコーンスターチを加えまたよく混ぜ合せます。牛乳を熱して、静かに加えながらかきまぜつづけます。火（中火以下）にかけて煮立つ寸前に下し、一度こします。そしてよくさまします。
生クリームを泡立たせて加え、レモンの皮を加え、アイスクリームの器に入れ、機械を整備して最初五分ほどそのままにしてモーターのスイッチを入れます。二十分たったら中の様子を見て、できあがっていたらまた十分ほど厚い布をかけておくと、完全に堅くなります。モーターの開け閉めに、塩がはいらぬよう注意します。氷と塩の割合は、五対三くらいです。
レモンの代りにバニラを香料に用いればバニラ・アイスクリームができます。コーヒーを濃く煮立てて加えればモカ、ココアを加えればチョコレート・アイスクリームになります。

抹茶、苺、ラズベリー、桃等好きなものができます。シャーベットもさっぱりしています。ハッカ（ペパーミント）、梅酒、レモン、キャンベル（ぶどう）、オレンジ、杏等、いろいろ工夫するとたのしみです。

手作りのジュース

冷蔵庫の中は、冷たい飲みもので場所をふさがれ、冷やしたい果物、お菓子、ご馳走の入れ場が狭くてひと騒動です。皆さん、夏休みのお子さん方の飲みものはどうしていらっしゃいますか？　お中元のジュース、乳酸飲料等々を手軽さで次々と開けたでしょうが、それが底をついた後も酒屋さんのジュースのお世話になっておられはしないかと心配です。お子さん方の好物の、ビン入りジュースを盛大に飲ませておられるのではないでしょうね……。

さて、お宅は清涼飲料にどのくらいの予算をおもちですか？　お恥ずかしいことながら、私は孫たちにさえ、買ったジュースを飲ませるくらいなら冷たい牛乳を飲ませたいほどのけちんぼうです。まして、子どもたちを育てた、予算ぎりぎり生活の時代はなおさらのことでした。ハイキングやドライブならとにかく、日常生活では、ビン代引替えの値段としても、特別のことでないかぎり私には使いきれません。夏の冷たい飲みものは昔ながらの麦茶です。朝食の支度を始めると同時に、大薬罐いっぱいの麦茶を濃いめに煮出し、大きなジャーに入れ、氷をどっさり入れます。だれにでも、郵便配達さん、ご用聞きさんにも水の代りにガブガブ飲んでもらっています。

　お客様には、玉露、煎茶を土瓶にいれて氷だけでしみ出させて（冷蔵庫の中で半日くらいかかる）トロリとした味を大匙一杯くらいグイ呑みで差上げることにしています。ジュースに代る飲みものとしてはレモンを一番多く使います。レモンの表皮をすりおろし、汁を絞り、蜂蜜または甘露を入れてレモンジュースの素を作っておき、好みの濃さにして氷を割り入れます。これは四季を通し常時作っております。栄養的衛生的にすぐれたものがふんだんに飲めるからです。六月に漬けた梅酒や、夏みかん、苺などの果実酒も、適当に薄めて、三人前に一本くらいの炭酸水を割ると、スカッとした、家庭ならではの飲みものになります。

　八月に出回るキャンベル（ぶどう）のジュースも、まことに素晴しい飲みものです。出盛りのトマトに、玉葱、にんにく、月桂樹の葉を入れて煮て、布袋でこして、少量の塩と砂糖でかすかな味をつけ、レモンの絞り汁を加え、冷やして水の代りに飲みます。手作りのトマトジュースを飲みなれると、罐入りはどうも飲む気がしません。一盛りトマト、あるいは出盛りを上手に買えば、一キロ二、三十円です。もう少し手間をかければ、乳酸飲料でさえなんのへちまです。子供たちはどんなに喜ぶことでしょう。うちのお母さまはカルピスを作る！　きっと鼻高々です。

　時代が移り変り、食べもの、飲みものすべて国際色豊かに刻々と変るのです。〝おふくろの味〟も変っていってしかるべきです。味噌汁、糠味噌、ひじき、お煮〆などで留まっている必要もありますまい。おふくろの味とは、特別なものではないのです。むずかしいものでもなく、お金のかかったものではもちろんあるはずがありません。お母さんの手作りで食べならした味、母の丹精と愛の息のかかった味をいうのです。

若いお母さま方！　ジュース、ラーメン一つにもおふくろの味が生れてそして残されるのです。どうぞ自信をおもちになって、ささやかなものに、〝家〟の味をお作りください。

秋

秋鯖《あきさば》

彼岸も過ぎて朝夕さわやかな風を肌に感じるようになると、さあ、いよいよ秋なのだ、することがたくさんあるぞ、ゆっくり休んだからまたもりもりやりましょうと、身も心もふくらむような元気がみなぎりはじめます。秋の四方山《よもやま》がくるくるっと頭の中をかけ回ります。粒の揃った紫紺の茄子、艶やかな栗、山芋、松茸、ゆず、さといも、子持鮎、鱚《きす》、魳《かます》、秋あじ（新鮭）など次から次へと思い出されて、あれもこれもと嬉しくて仕方がありません。なかでもことさら待たれるものに、鯖ずしがあります。

二十余年ほど前、京都の宿でいづうさんとすし政さんの鯖ずしを同時に取り寄せて味合せをした時、その昔私の大好きだった青山南町の「静や」のおすしを思い出し、なるほど、と感じいりました。関東と関西では鯖の〆め方に相違があるらしく思われたのです。それから私は、私流に魚の塩あて、酢あてを工夫し、勉強いたしました。活きのよい鯖に出会うと、必ず〆鯖にし、鯖ずしを作りました。

生きぐされといわれるものですから、第一に鮮度のよいものを選ぶことです。真鯖を使います。三枚におろして血をきれいに洗い、水けをぬぐいます。瀬戸引きのバットに、真白に塩をまぶした鯖を順よく並べ、三十分ぐらいおきます。真水で塩を洗い流してから一度酢洗いをして、新しい酢に浸け直します。生姜の皮や茎、ゆずやレモンの薄切りを一緒に浸け込みます。生姜の葉とか茗荷の葉で蓋をするように表面を覆い、器ごとポリエチレンで包んで冷やします。三十分たったら酢をきりましょう。あまり長く酢につけると魚の脂がやけて、かえって味が悪くなります。これで〆鯖ができました。血合いや小骨をきれいに取り、皮をむきます。薄皮をむくと、青光りした肌がさえてほんとうに美味しそう。刺身に作り、おろし生姜やわさびでいただきます。つけ醤油にゆず酢やレモン汁を落すと一層味が引き立ちます。

鯖ずしには、これにすしめしがいります。米の一割強増しの水加減で出し昆布を入れて炊きます。合せ酢は、米一升に対して酢一・二カップ、砂糖大匙山二杯、塩大匙一杯。合せて、かけたらよくさまします。

白板昆布は砂糖を入れた酢につけて、しんなりとのばしておきます。

〆鯖は大きい場合は背と腹の二ふしに切り分け、小ぶりなら血合いをとってそのまま使います。〆鯖の身の厚さと幅を長方形になるようにととのえなければなりません。

竹の皮は前もって熱湯で絞ったふきんでよく拭いておきます。

竹の皮を拡げ、すしめしをとりあげます。めしはしっかり鯖の二倍はほしいものです。手で長方形に形づけ、〆鯖をのせます。血合いをとった切り口に甘酢漬にした生姜を針に切ってはめ込みます。味付けした昆布で上を覆い、きっちりと包みます。竹の皮を紐にして三ヵ所くくります。板と板の間において重石をかけます。作ってから四、五時間で食べられますが、一晩おいたほうが味がなじんで一層美味しくなります。幾十本となく作るので、まったく好きだね、こんなにたくさんどうするのだと笑われますが、いくら作ってもだれかが食べてくれます。有難いものです。

ある時、おっかなびっくり、作家の小島政二郎先生にお届けしましたら、早速電話があり、「元来、私は魚の生臭みが苦手なのですが、いただいた鯖ずしは生臭みがなく、スッキリ、キリリとしまってまことに結構、鯖ずしがこんなものとは初めてでした」――と、身にあまるおほめの言葉をいただいて嬉しうございました。

秋刀魚《さんま》

暑さ寒さも彼岸まで、とはよくぞ申した言葉です。日中の暑さはともかく、目にはさやかに見えねども、秋はたしかに来ています。蟬の声、虫の音、空行く雲、月の光に秋ならぬものはありません。野に山に、川に海に、秋の幸が実り、満ち溢れるはずです。だがしかし、天高く馬肥ゆる秋より、実りの秋のほうが一ヵ月、いや二ヵ月も早くくるようになって、戸惑うことが多くなりました。じっとりと、しめっぽい入梅時に西瓜が山のように積まれ、美味しいときかされてもピンときません。カンカンに照りつけられる真夏の昼下り、冷やした西瓜にかぶりついてこそ、美味しいといえるのではないでしょうか。

十年後には、みかん、苺、西瓜、葡萄《ぶどう》、柿などが、季節なしにいつでも豊かに飾られる日がくるでしょう。海の幸にしても、遠洋漁業世界一の日本は、日本周辺を回遊する時期を待たずにやはり同じことがいえるのかもしれません。秋刀魚が秋の幸でなくなる時は案外近いかもしれません。季節の味なんておかしくて書けなくなります。入梅時の西瓜の山を見て、まったく書く勇気を失いました。こういうのを〝ショック〟といいましょうか？　お手あげです。

だれにも親近感のある秋刀魚こそ、食欲の秋にふさわしい蛋白源です。丸々と太った秋刀魚を真二つに切ると切り口の外側は脂の層に包まれて、透き通るような身は、しっかりと腹わたを包んでいます。七輪を外に持ち出して、ジュウジュウ、あの特有の煙と匂いをあたり一面にまき散らして、焼きたてのあつあつに、大根おろしをつけて食べるのがまず第一です。秋刀魚を食べて何よりも嬉しいのは、あの骨ばなれのいいことです。真中から箸を入れて四つ割りにすると、身はきれいに取れて、中骨が行儀よく並ぶ、その瞬間が私は大好きです。すだちか青ゆずをチュッと絞りかけ、醬油をかけた大根おろしをたっぷりつけてほおばるのが大好きです。「腹わたの苦味も結構ですなあ」といわざるをえません。落語ではありませんが、お邸で召し上るより、「秋刀魚は目黒に限る」といった食べ方がよろしいようでございます。バベキュー、バベキューと何かハイカラめいて申しますが、あれこそ日本の調理方法の源なのです。七輪や炉で木炭を使う日本の習慣、〝日本こそバベキューのご本家なのだ〟と申すと、若い方は薄笑いしますが年寄の負け惜しみでしょうか？　秋刀魚はいうに及ばず、魚の塩焼、照焼は、木炭でなければほんとうの味は出ません。ことに脂の強い秋刀魚や鰯、鯖など、焼いた時に余分の脂の焼け落ちることが、魚のしつっこさをなくして、味がさえるのだと思います。

秋刀魚にもいろいろの調理法が行なわれ、フライパンでバター焼にして、脂気を感じさせまいと香料やソースを使うこともいたします。脂気のない、やせた秋刀魚ならいざ知らず、太った秋刀魚ですと、秋刀魚の脂とバターが重なって、食べては美味しくても食後に脂のもたれを感じます。

新鮮な秋刀魚は薄塩の塩焼、蒲焼、味噌漬などにして、バベキューになさるのが一番と私は思います。蒲焼はなかなかいただけます。ただし、お酒か味醂をふんぱつして、粉山椒を忘れないように。叩いて丸めて、蒸すなんて手間のかかることは、まあまあおやめになったほうがいいと思います。

おすすめしたいのは秋刀魚の干物です。焼くにしても塩焼きほどの手数もかからず、第一大根おろしがいりません。秋刀魚の出はじめる頃は大根が高くて困ります。秋刀魚より大根のほうが高いことが多いのです。秋刀魚にそなえて、私は時無しか美濃早生《みのわせ》を七月に播きます。大根の自家製のできる方はよいとしても、一般の方々のために秋刀魚に合せて、安い大根が出荷されることも望んでやみません。

鰯《いわし》

横須賀線に乗って鎌倉を出る時は、久しぶりに東京の風にあたる楽しみで、あれも、これもと欲ばって、用たし、買物、展示会にも寄ってみたいと盛だくさんに勇んでいますが、川崎あたりにくると異臭がただよってきます。空をながめては、あの変な色の煙の下に住んでおられる人々に何かのさしさわりが起きなければと思い、さらに進んで品川あたりに近づくと異臭が悪息に変って胸が悪くなってしまい、用事もそこそこに帰ってきてしまうようになります。

電車の窓からお台場が見えた頃は、御殿山の下の線路ぎわまで、品川湾の波打ちぎわでしたし、お浜離宮はこんもりと深いみどりに包まれて磯の香りがしていました。遠い昔のことのようには思えないのに……。今、品川沖はどんなことになっているのでしょう。

品川、大森とつづいた海岸は江戸前といって、かに、しゃこ、芝えび、赤貝、穴子、鯒《こち》、鰈《かれい》など磯ものがとれたのです。川崎屋といった料理屋の穴子のうまかったこと、穴子丼が大好きで家中で食べに出かけました。大森にはかに料理屋が軒を並べて磯ものを安く食べさせてくれました。澄みわたった秋の朝、豆絞りのねじり八巻、紺木綿のパッチ姿で天びんをかついだ若い衆が、威勢のいい声を張りあげて、「いわしこ、いわしこ」と足早に振り売りにきたものです。「ヒトヒトー、フタフター、ミツエミツエー」と鰯を二尾ずつ一組にして手早に目笊に入れてくれます。活きのいい鰯の目はパッチリして愛嬌があるのですよ。ピーンとそっくり返って、細い顔の割に目が大きくて……、鰯の目も千両の口かな？

鰯の頭を親指と人差指でもぎりながら、腹わたを上手に引っぱり出すようにして抜くと、腹わたの先にたこ糸くらいの細さの腸がくるくるとうず巻になってついてきます。こんな鰯なら生でよし、煮てよし、焼いてよし、美味しいこと受け合いです。近頃の東京には、こうした鰯がないそうで不思議でなりません。鎌倉に住むお友達が、鰯の頭をもぎって指で開くのを見て「これが鰯なの、東京の鰯は庖丁でも扱いにくいほどぐったりしているので買ったことがない」というのをきかされた、私のほうが驚きました。生の鰯に塩をあて、酢で〆めたものの皮をはぎ、小口切りにして、大根おろしと同量くらいの穂じその塩もみを混ぜ合せておろし和えにします。針生姜をたっぷり天盛りにした小鉢は、いつ食べてもいい酢のものです。にぎりずし、押しずし、卯の花ずし、天ぷら、フライ、バター焼は申すに及ばず、すり身にしたつみ入れは、清汁にしても味噌仕立てにしても私の家の自慢のお汁の一つで、主人の大好物です。青ゆずのひとへぎが秋の味覚をひとしお引立ててくれます。

真鰯、片口鰯の辛煮は、秋深くなってから作る年中行事の一つで、二貫目、三貫目と煮あげるのですが、たいして自分の口にはいった覚えもないのにすぐなくなってしまいます。ほめられ馬鹿でさしあげるほうが多いらしいのです。煮たり焼いたりしておいしいのは真鰯で、大根おろしをたっぷり、ゆずの絞り汁をずっぽりかけて焼きたてをジュウジュウいわせて食べるのは庶民の味です。

うるめ鰯は丸干しに限ります。ことに氷見と土佐の丸干しはまったく素晴しく、送られてくると一本、二本と貴重品扱いをせずにはおられません。むっちりと粉がふいた、甘塩の焼きたてのあつあつを、頭からかじるあの味は忘れられません。一般に干物は夏の太陽に干されるより、秋風に吹かれて乾かすほうが魚が落着きます。塩も薄くてすむので美味しいわけです。

葡萄《ぶどう》

実りの秋の先駆けとばかりにぶどうが姿を見せはじめるといよいよ夏も終りに近づき、秋の味覚の誘いを知らされます。充分味ののりきっていない種なしぶどうをつまみながら、デラーの甘さが待ち遠しい思いにとりつかれます。

デラーの小さい一粒、一粒の種を克明に出す方が多いようですが、種は盲腸炎の原因といいならされているからでしょうか？　それが確かなら、本年あたり私は盲腸炎になるかもしれません。ぶどうに目のない私は、あの甘いデラーの種を出したことがないからです。口の中でプチンとほとばしり出る甘い露のあと、酸っぱい肉を押しつぶして種を出さなければならないのなら、ぶどうなんて食べないほうがよいと思います。

ぶどうは種類が多く、産地も多いので、八月から十一月まで楽しみも長く有難いことです。一種類のぶどうでも岡山、山梨、山形と北のほうへ産地が移るので、各地の地味の匂いを感じ知らされ、これもたいへん嬉しいことです。

待たれるぶどうにキャンベルがあります。真黒い芳香の高いキャンベルを、私のホーロー引きの鍋や木しゃもじ、紅茶で煮しめたような色をした厚手木綿のこし袋が待ちかまえています。それは、香り高いぶどうジュースをとるためです。

近年のキャンベルは品質が改良されて、粒もしまり、茎からポロポロ落ちないようになりました。十年くらい前までは黒ぶどうといわれて一般に歓迎されないぶどうでした。口に一粒ふくんだ瞬間、秋の山を感じさせる香気が拡がって、野趣に満ちたぶどうらしいぶどうだと思うとたん、薄い膜とも筋ともつかぬ舌ざわりが気になり、同時にチュッと強い酸味。やっぱりたくさんは食べられません。

そこで私は果汁にしてみたらと思いつき、煮出して汁をとってみました。大成功でした。皮からはおもしろいように赤紫の色は出るし、強い酸味は砂糖と調和してこよない味を出してくれました。色、香り、味、三拍子揃った果汁は私の自慢の一つになりました。そのうえ有難いのは値段の高低の激しいことでした。八百屋の店に荷のはいったのを見ると、翌日の夕方頃見に出かけるのです。ひと房持ち上げると三分の一はポロポロ落ちます。戦前の八百屋さんはおおようで、「奥さん！　そのぶどう落ちてしまうがないんだ、買ってくれるんならいくらでもいいから待って行きな」、その言葉を待っていた私はしめた！　とばかり「それなら一箱そっくりいただくわ、そのこぼれたのもそのままで結構よ」、前日の三分の一の値にしてくれ、そのうえお礼までいわれては、私だとて少しは気がとがめるくらいのものでした。それが改良されて落ちないぶどうになったのですから、私にとって痛しかゆしというわけです。

黒いぶどうには、キャンベルのほかにベリエという品種があります。甘味が多いので食べて美味しいのですが、ジュースやジャムにするには風味が落ちます。

一粒、一粒、茎から離してよく水洗いをします。流行の洗剤は使いません。水を切り、ホーローー引きの鍋に入れてつぶしながら煮ます。水は加えません。十五〜二十分煮てからこし袋に入れ、紐でつるして自然に落ちる汁を器で受けます。赤紫の香り高い、澄みきった果汁がとれます。これが一番ごしです。

袋にたまった皮は、まだ充分汁が出ますから、今度は水を加えてもう一度煮て汁をこします。二番汁だとて馬鹿にはなりません。レモンの絞り汁を加えて酸味をおぎない水で割って砂糖を加え、氷をたくさん浮せて召し上ってください。砂糖はザラメを糖蜜にして用いるのが最高ですが、ビート糖、白砂糖でもよろしいでしょう。鍋は必ず瀬戸引きものをお使いください。

栗

実りの秋！　ほんとうに、そのとおりです。野も山も、道ばたの小草も実りでいっぱいです。猫ならぬ犬の額くらいの裏の畑に立っただけで、木の実、草の根に充実した実りを感じて、何から手を出してよいか気もそぞろになります。山裾の芹もたくましく根を踏んまえて、つる草のようなひげ根をのばしています。山三つ葉もすらりとのびた枝の先に、パリパリの実をつけて、芹に負けてはならじとの風情です。ここらを掘ると、野びるの白い玉がコロコロころがり出ます。あわてて土をかぶせ、これもまた来春のお楽しみと、私にしかわからぬ宝の場所です。

ここにきた時、山に大きな栗の木が二本ありました。ほとんど枯れかかっていました。なんとか生き返らせる方法はないものかと、植木屋に相談しましたが、水っぽい栗ですし、手当しても見込みがありません。可哀想でしたが思いきって切りました。根元の太さは直径一尺以上もありましたろうか。ちょうど、池の土橋が朽ちていたので、二本のそりを合せて丸木のめおと橋にしました。時代のついた庭とよく似合って朝な夕な渡っています。払った幹には椎茸菌を打込みました。どこまで欲張りなのかと子供たちに笑われましたが、季節がくれば、家族で食べきれないほど椎茸が生えてくれます。姿は変れどまた別の意味で、最初に栗を植えた方、そして、これまで大きくなった栗の木へのせめてもの慰めと思ったりしています。

栗は、丹波の中生《なかて》、銀寄《ぎんよせ》が大きさ、形、味ともによいのではないでしょうか。早生《わせ》多摩川は栗たま蜂で駄目になったそうです。県の試験所で、栗たま蜂に強くて味のよい改良種が生れたと、四、五年前に新聞で発表しておりました。桃栗三年柿八年、梨の馬鹿野郎十六年といわれていますから、そのうち神奈川の栗が市場をにぎわしてくれるでしょう。

茹で栗で食べるのには山栗（柴栗）が一番です。むくのに一苦労ですが、ポックリ口にほおり込んだ、そのものずばりの味は、むいてもむいても後を引かされます。秋の夜長を皮をむきむきテレビを見ていると、気のついた時はお腹が張ってたいへんなことになりかねません。栗好きを知ってほうぼうから送っていただく栗は、すぐ虫退治から始めます。半日くらい、とっぷり水に浸けては水をきり、三、四回繰返して日に干します。虫を水攻めにするわけです。左右両手の親指と人差指に絆創膏を巻きつけて夜なべに栗むきがつづきます。

藁灰のアク水でアクを出し、銅鍋に落し蓋で気長にふくませを作ります。形をこわさぬ工夫も大切ですが、とろりと溶けるようなやわらかさと、栗の持味を失わぬように煮るのが好きです。品のよい甘さに栗の香りとなめらかな肌ざわり、いつ食べても倦きない味です。煮た時、くずれた栗をアイスクリームに入れて固めるのは、ふくめ煮の季節にせがまれるものの一つです。

栗ご飯は申すに及ばず、栗おこわはいちだんとよろしいものです。もしもち栗が手に入れば、これを三日くらい朝夕水を替えてアク出しします。栗は米四合に栗一合くらいの割合で混ぜて、下煮をした栗を合せ、蒸しあげます。妻楊枝が通るようになったら、ひたひたの水でおどらないよう弱火で茹でます。もち米四合に対してむき栗三合、砂糖大匙三杯、塩小匙一杯、酒大匙五杯を加えて十分くらい弱火で煮ます。よくさまして栗を引きあげ、煮汁二、三滴の醬油を加え、もち米と栗の水をきったものとを加えて味をなじませ、引きあげておいた栗を合せて蒸し器にかけます。松茸のお清汁、黄菊の梅肉和え、秋あじ（新鮭）の味噌漬、秋茄子の漬物で、ちょっとお客様をしてみたくなるではありませんか？

栗の渋皮煮

二十数年前、さる風流な方のお宅で見事な渋皮煮をご馳走になりました。うっすらと白砂糖の化粧をして、初霜と銘されて出されました。器は一閑張竹籠、黄葉しかけた栗の葉があしらってあったのも心憎いばかりでした。それ以来〝渋皮煮〟にとりつかれました。どうしたら渋皮ごと煮えるのだろう？　渋抜きはどうするのだろう？　折りにふれては問い、機をみてはためしました。けれど、素人の私などの知るよしもないことだらけで、何一つ手がかりを得ることはできませんでした。ついに自分で工夫するほかにないことを知り、私なりの煮方を考え出しました。

それは、初めて食べた渋皮煮より色、形、風味ともにすぐれているように思いました。まだ問題は残っておりますが、それは煮る方法ではなく、原料の栗についてのことで、一応は成功したつもりです。最初は特別の贅沢だと思ったのですが、さにあらず、栗きんとんや栗のふくませ煮よりも経済的であることを発見し、渋皮むきに手間のかからないことも嬉しいことの一つで、いろいろよい面にぶつかり、「栗は渋皮煮にかぎる」との結論に達しました。

栗は九月十日頃から中旬頃のものを最上といたします。その理由は、虫の出ない前のもの、つまり、防虫加工をしないものであることです。まず、渋皮に傷をつけないように鬼皮をむきます。栗の尻と艶のある皮の境のところにナイフを平らにさし込んで、むきはじめるときれいにむけます。

アク抜きには必ず藁灰のアク水を使ってください。重曹やその他の薬品を使うと風味のないものになってしまいます。藁灰のアク水は、桟俵を一個、金バケツの中で燃やします。藁に火が回って赤くなった時、水を注ぎ入れます。藁を白い灰になるまで燃やすと灰臭くていけません。桟俵一つに五、六升水を加え、その上水を使います。

渋皮つきの栗をこの藁灰の上水で弱火で茹でます。三十分くらい茹でると、赤茶色の煮汁になりますから、水を静かに取り替えます。しかし一度に煮汁を捨てるようなことはしません。水をさして手のはいるくらいに温度を下げます。渋皮にこびりついている筋がやわらかになっているので、この時に指で静かにこするときれいにとれます。栗はつるりとして、渋皮だけになります。水を取り替えてまた茹でます。これは、栗を完全にやわらかくするためと、栗にしみ通ったアクのくせを抜くのが目的です。渋皮に包まれた栗は、くずれるほどやわらかになっています。皮ごと味わってみましょう。渋皮はやわらかく、もっちりとして渋味はなくなっているはずです。中身は黄味を帯びてよい香りがします。

茹であがったら栗の水を切ります。栗の約八割、または同量の砂糖を用意して少量の水を加え、栗を加えてまた静かに煮ます。煮立ってから二、三十分煮たら塩を少量加えて火を止めます。瀬戸もの、ガラスなどの器に移して砂糖汁に漬けておきます。甘味がしみ通り、栗の香りと細かい肌理《きめ》がねっとりと甘く、渋皮も少しも渋味を感じさせず、むしろ渋皮のためにコクが出て、風味は絶品です。渋皮をむきとった栗のふくませと食べ比べてごらんなさい。その差がはっきりするでしょう。

貯蔵しておきたい場合は、貯蔵用のガラス瓶を使って、ジャムや果物の甘煮などと同じように、消毒して貯蔵すればよいのです。

松茸《まつたけ》

東京は神田生れの私に、松茸の話ができるのも、主人の転任のお蔭で名古屋、大阪に長い間住んだからです。あこがれの松茸狩に初めて行ったのは岐阜の山でした。山の頂上での昼食はおきまりの焼松茸、かしわのすき焼に松茸めしです。醤油色でやわらかすぎた松茸めしのおひつがいまだに目に浮びます。手を洗えないうえ、先のはげかかった丸い塗箸が気になって、人知れずすき焼鍋に突っ込んで箸を煮た私は、花より団子にはなりきれず、花は山で、団子は家が衛生的で安心だ、てな気分でした。

松茸狩になれてからは、食事場所を水のある所に移しました。汚れた手を洗いたいことと、採りたての松茸を洗ってすぐ食べたいためです。そして堅炭の備長《びんちょう》と箸とゆずを持参することにしました。なぜなら、山屋さんのしてくれる焼松茸は、やわらかいポウポウの炭を使うのです。せっかくの松茸が実にザツな焦げ方をしてそのうえ、木炭の臭いが松茸に移ります。香り松茸と申しますが、木炭の臭いとイライラ焦げの松茸をなんの抵抗もなしに〝これは美味〟とパクパク食べる皆を見ると、先入観で美味しいと思い込んでいるのかしら、と不思議です。

手頃の松茸を清水で洗い、塩をパラリと振りかけ、和紙に包み、清水で充分しめらせて堅炭で焼き、焦げついた紙を開くと、蒸し焼きになった露もしたたるばかりの松茸が現われ、素晴しい香りが立ちのぼります。ゆずを絞りかけて口に入れました。やわらかく、みずみずしく、甘く、そして香気は口の中に満ち満ちました。思ったとおりまったく素晴しく、これでこその味でした。内密で木炭だ箸だと荷物を作っているのを見つけて、さんざん叱った主人まで、〝こんな焼松茸は初めてだぞ。オイ早くもっと焼け〟といった調子で、いい気なものだと一人苦笑をしました。

関西から送っていただくより方法がない東京の人たちは、松茸をあまり後生大事にしすぎるので筋ばってしまうのです。松茸が送られてきたら、これは明日の分、明後日の分なんて気を起さずにいっぺんに料理することです。せいぜい二日間です。私は荷を開けて、その日は傘だけ思いきり焼松茸にして食べます。焼松茸は傘にかぎります。どんなに大きい傘でも丸のまま切らずに焼きます。肉の厚い、少し開いた傘を焼いて召し上ってごらんなさい。香りが高くてこんなに美味しいものかとお知りになるでしょう。なお、傘は日数がたってもさほど味が落ちませんが、軸は一日で味がたいへん変ります。

焼き方をちょっと申しましょう。傘を丸のまま塩水で洗い、火にかけます。木炭か電気です、ガス火はいけません。内側から焼きはじめます。一滴、二滴、松茸から汁が落ちはじめたらすぐ返して外側の皮のほうを焼きます。焼くほどに盃形の中に汁がたまって、シュウシュウいい出します。そのころは外側にほどよい焼き目がつき、中は火が通ってやわらかになります。部屋は松茸の香りでいっぱいになります。焼きたてにゆずの絞り汁、醬油を合せてつけながら、あつあつを食べてください。

私はこの焼松茸を、合せ酢をかけずにセロハンに包み、さらにアルミ箔に包み、ポリ袋に入れて冷凍しておきます。折にふれ取り出して、ちょっと火をかざして温め、ゆずをかけていただきますが、味も香りも少しもぬけず、松茸の貯蔵はこれが最高と思います。そして一年間、翌年の松茸の出る頃まで保存させております。

傘をとった軸は、虫けのあるなしを調べ、虫けのあるものは辛煮や松茸めし用に味付けし、またはバター炒めしてピラフやコキール用に分類して冷凍し、完全なものは酒蒸し、素蒸しにして貯蔵します。お清汁、煮もの、おろし和えなどと、いつも重宝いたしております。

麩《ふ》

夏休みの間、西宮に住む次男の孫たちが友達連れできておりました。鎌倉の孫と四人の男の子の、暑さにめげぬ三度の食欲を満たすため、台所は相当の活気を呈しました。もっとも孫たちから前もって「おばあちゃんのお家は日本式のご飯だけど、僕たちはアメリカ式ご飯にしてください」とはっきり申し渡されては、どうしようもありません。約三週間、くる日もくる日も西洋皿がテーブルに並ぶ次第となりました。一日三回、西洋皿にお目にかかっていると、食器の均一化に慣れない私は、なにか味気なさを感じて、食事の楽しみが半減しそうでした。

無事に夏休みを終えて孫たちとの西洋皿のおつき合いも終って、親たちの手元に帰した。その晩のわが家の食膳は、畑の枝豆の塩茹で、茄子焼に生姜酢醬油、紅鮭の温燻製を薄く切り、さらし玉葱にレモンをかけた一皿と、くさやの干物のむしり身、それまでの洋食器とは対照的な和食器の味があって、どちらも甲乙はつけられませんでした。今晩の主菜は麩の卵とじときめてあったので、念入りに鰹節の出汁をとり、酒を主に少量の味醂でふんわりと卵とじにして青ゆずのすりおろしをちらし、笹がきごぼうの赤だしに、青じそのご飯を俵にむすびました。お新香は茄子と胡瓜の糠味噌。久しぶりになつかしい食器にお目にかかったせいか、ご飯らしいご飯にありついたような気がしてやっと落着きました。生命力に満ちあふれた少年たちの食べものの好みと、老化をたどる者の好みの差は当然至極とは知りながら、今年は子供たちについてゆけぬ身をはっきりと感じました。

それにしても、お豆腐が嫌いときいた時はちょっと首がかしぎました。これからの子供は食べものからして少しずつ日本人ばなれするのではないかしらと。鎌倉の孫だけが「お豆腐っておいしいじゃない？　お味噌汁に入れたって、揚げ出しにしたって」といったので、ちょっと救われたような心地がしました。食べさせ方によっておきる好き嫌い、習慣や環境による変化など、いろいろとは思うのですが、食品として良質なものを食べ忘れたために生ずる好き嫌いは、一考も二考もしなければならぬのではないでしょうか。

卯の花、ひじき、ぜんまい、こんにゃく、焼豆腐、麩の類、ごぼう、さといも、れんこんなどそのものずばりを上手に食べさせる工夫が、だんだん失われつつあるように思われてならないのは、年寄りのひが目でしょうか。先日も製麩工業連合の方が、年々需要が減少して困っております、と嘆いておられました。麩をよく食べる私は驚いた次第です。お麩さんの提灯を持つわけではありませんが、お麩こそ皆様方の大好きなインスタント食品ではないでしょうか、水にもどしさえすれば、すぐ食べられるのですから。醬油味がいやなら牛乳煮にしても、スープ煮にしてもよいし、ケチャップの味つけでも充分美味しくいただけるのに、工夫をされないのですね。

焼き麩にもいろいろありまして、板麩、車麩、丸麩、切り麩、巻き麩、丁字麩、松露麩、なかには椎茸の香りをつけた松茸形や、原色の濃い花形の麩などさまざまです。私は椎茸や原色の強い麩は使ったことがありません。麩そのものずばりを卵とじにしたり、鶏や貝類、えびなどと煮合せて、それはそれは楽しい小鉢ものにしています。水にもどしたものをさらに熱湯につけて、よく水気をぬいて、出汁で割ったやわらかい三杯酢にいたします。大根おろしに、今の季節なら穂じそ、茗荷の子などをあしらうと、さっぱりとなかなかよろしいものです。

生麩と木くらげの白和えなど最高の小鉢ではないでしょうか。明治も百年、味も遠くなりました。

柿の葉　菊　銀杏《ぎんなん》　木通《あけび》　零余子《むかご》

柿の葉

文化の日は、昔の明治節、この頃はきまって初霜がおりたのを覚えています。晩秋というより初冬の気配がふさわしく、身が引き締まるような朝風に黄菊白菊の香がただよい、山茶花が散っては咲きつづけます。色づきはじめた柿の葉で照葉のすし作りに余念がないのもこの頃です。春の若葉と秋の照葉、同じ柿の葉でも秋と春とでは、命の力が違います。若さの活力と、散らんとする命と……春の葉は二、三百枚まとめておくと熱を発して暖かくむせります。秋の葉はカサカサと落着いています。見た目は若葉のほうがやわらかそうに見えますが、さて、すしめしを包むとなると、そり返りちょっと手こずらせます。堅そうに見える照葉は意外にしなやかで、素直にいうことをきいてくれます。

それゆえ春は柿の葉を冷蔵庫で冷やし、すしめしも完全に冷たくしたものを使い、桶や樽につめ込んだものはむせないような要心が必要となります。準備は日中完備しても、日が暮れてからすしを握り、つめ合せをすませ、重石をして屋外に一晩おかなければならぬことになるのです。秋の照葉は安心して常時握ることができる次第です。秋の夜冷気にあたった（桶ごと）柿の葉ずしの美味しさ、起きぬけにつまんだって生ぐさみなどみじんも感じず、七つ八つパクパクと喉を通過してしまいます。

東北名産の曲げ輪っぱの手桶につめて、六歌仙（紅《くれない》のぼかしの玉菊）を二枚、三枚添えて、例年、春秋の柿の葉ずしを待ちこがれていられる私たちのお仲人の老夫人にお届けをするゆえにこそ、春秋の柿の葉の息づかいの勉強をさせていただけたと思っております。何事も、よりよくと心づかいを尽すならば、口や言葉で表わせられない何かを経験によって自ら会得できるものと思われます。

すしめしは普通のご飯の水加減で炊きます。こわくないほうがよいのです。お酢加減も別に変ったことはありません。できれば醸造酢をお使いくだされば、すしご飯の味は上々です。すし種は良質のひと塩の鮭と卵焼を使います。塩鮭を食べなれぬ方のために、白身の魚の昆布〆を用意するのも親切でしょう。針生姜を甘酢に漬けて絞っておきます。塩鮭は充分に吟味して、皮を落して幅二・五センチ、長さ五センチくらいの薄い切り身にします。卵焼は少し甘めに味付けをして、五ミリくらいの厚さに焼いたら、魚の切り身よりひとまわり大きく切ります。甘鯛、鯛、鮃《ひらめ》、鱵《さより》は薄塩にして、さく取りのまま昆布〆にして一日おき、鮭と同じ大きさに切っておきます。鯵、鯖のたぐいを酢〆にして使っても結構です。

柿の葉は洗って両面を拭いておきます。まず、すしめしを親指大くらい取って握るとひとまわり小さくなります。それに魚または卵焼を握りつけ、柿の葉で包んで、樽、曲物、折箱などにすき間なくぎっしりと詰めて重石をおきます。半日くらいでもう食べはじめられます。一晩おいた柿の葉ずしのおいしさ、ぱっくぱっくと口へ飛びこんでやめられません。いつ食べても、ほんとうにおいしいものです。塩鮭には甘酢漬の針生姜を添えて握りますが、白身の魚の昆布〆にはその必要はありません。

菊

食用菊にもさまざまの種類があって平弁菊より管菊のほうが私は好きです。黄色の「金唐《きんから》松《まつ》」、藤色のかかったとき色の「もってのほか」がしゃきしゃきしています。熱湯に少々の酢を加えてさっと湯引き、水に冷やして絞りあげます。くるみ和えが最高です。胡麻和え、梅肉和えもなかなかよろしいものです。塩漬にしたり、漬物に漬け込みますが、生のままを湯引いたものが香りが高くて「らしさ」があります。白菊、黄菊ならば、食用菊でなくてもどんな菊でもいただけます。お花をいけて楽しんで、その後召し上ってください。

ぎんなん

街路樹のぎんなん、お寺や神社の境内のぎんなん、山にも野にも庭にもぎんなんが落ちます。バケツ一杯のぎんなんの皮をむくのは大骨折です。アレルギー性の人はさわらぬこと。炒りたてのホヤホヤは美味しいものですが、あまり食べると吹出物がでます。殻から出して、サラダオイル漬にすると保存が可能です。そのままフライパンで炒ればよろしい。ぎんなんご飯、どびん蒸し、ほうろく焼、茶碗蒸し、飛竜頭等々、嬉しい風情をみせてくれる秋の木の実です。

あけび

あけび、なんとも魅力のある山の幸です。口を開けてひとかたまりに高い木の上にぶら下っているのを見ると、どうしてもとりたくなってしまいます。三つ葉あけびの紫はしゃれた色ではありませんか。私の山庭にはあけびがたくさんあって、今日も大かごいっぱいとりました。若いお手伝さんが木に登って切っては落すので、もっぱら私はひろい役です。「今晩盲腸炎になるかもしれない」といいながら、木の上でパクパクのみ込んでいる久子ちゃん（若いお手伝さん）は元気のいいこと。

綿を出した後に、茸やくるみ、あるいは茄子、ピーマン、青唐、新生姜を油で炒めた炒め味噌をつめ、竹の皮で口の開かないようにしばって、植物性油で両面を蒸し焼きをするように油焼きをします。たいして賞讃するほどのものでもありませんが、秋の山の味がします。

むかご

山の芋《いも》の赤ちゃん、自然薯《じねんじょ》、つくねいも等おままごとのじゃがいものような、いもの子がポロポロなります。「むかご」といいます。野老《ところ》の実は三枚のプロペラのようで、子供の時に舌でなめて鼻の上に張りつけた覚えがおありでしょう。

美味しい山の芋の赤ちゃんがむかごです。私のお茶の先生、長谷川宗仙様が毎年如心忌には必ずむかごと生姜の物相《もっそう》めしを縁高《ふちだか》に入れてお招びくださいました。戦後はむかごなど東京で見ることもできなくなり、それゆえ、如心忌のむかごは私の受持ちとなって、毎年、二升くらいお届けしておりました。老先生は八十歳を過ぎて四年前お亡くなりになりました。楽しい私の用事も一つ二つと消えてゆくのが淋しく、先生をおしのびして毎年私はむかごのご飯をだれかれとなくご馳走することにしています。

米四カップにむかご一カップくらいの割合に、酒と少量の塩、醤油を加えて炊きあげ、おひつに移す時、新生姜のみじん切りを大匙山一杯を軽く混ぜ合せます。

オクラ　茘枝《れいし》

今年は長雨にたたられて茄子の育ちがとても悪く、畑に出るたびにがっかり。しそは赤も青もぬくぬくと肥えて藪のようです。梅干漬に使ったあと、種じそのためにと二十本ほど残して、思いきって引き抜いてせいせいしました。五月上旬に播いたオクラは仲よく背丈を揃えて虫気もなく、順調な成育ぶりです。もう花が見えはじめました。クリーム色の葵に似た花は、しべの底がチョコレート色。見るからにハイカラです。

オクラ

オクラの花が咲き終って、二、三日目、とんがり帽子のような青い若い実が小指大になった時ちぎります。ちぎりたてを小口から薄く切って小鉢に盛り、レモン酢と醬油をかけ、花かつおを天盛りにするだけのことです。箸でかきまわすとぬるみが出て、つるつると口当りよく、ご飯にかけても美味しいものです。そのうえ、オクラは茹でてよく、煮てよく揚げてよし、和風洋風ともに、多種多様に調理してすこぶる美味しく、夏野菜としてもっと大衆化されていいものと考えております。塩茹でしたものに、マヨネーズをつけてもよく、バターをからめてビールのおつまみにもよく、和風に鶏と煮合せても、高野豆腐といっしょに精進料理によく、天ぷら、フライにしても素晴しいものです。

茘枝

夏の朝早く雨戸をくる楽しみは、茘枝《れいし》の花の芳しい匂いを胸いっぱい吸いたいためにほかなりません。冷ややかな明け方、朝風に薫る茘枝の花は、夕べに薫るからす瓜の花とともに私の好きな夏の花です。別名苦瓜《にがうり》ともいわれる茘枝は若いやわらかいものを使います。二つに切ってさっと焼き、実がはいりきらないやわらかな種を取り除いて、ごく薄く小口切りにして、俎板《まないた》の上でもんで、きゅっと絞って小鉢に盛り、二杯酢をかけるのです。花かつおに醤油でも結構。苦いところがなんとも皮肉で、暑さの口をさっぱりとさせてくれます。ご年配向きの味でしょうか。

人参《にんじん》

にんじん、だいこん、れんこん、ごんぼう、すべてんの字のつくものは、根《こん》がよくなるから食べなくてはならないものなのですよ、と人参や大根を好きでなかった私が折あるごとに母からきかされたお小言でした。小生意気になった頃「あらそんなことは語呂合せの迷信でしょう！　んの字のつくものがなんでもそんなによければウンコなんか一番上にんの字がつくから一番よいんじゃあないの！」と憎まれ口をききました。開いた口がふさがらなくて、鳩が豆鉄砲をくらったような母の顔がいまだに忘れられません。「一度口から出た言葉はもう引込みがつかないものなのですよ。お前さんは口から先に生れたらしく、なんでも勝手にポンポンいいすぎます。もう少し女の子らしい口をききなさい」と祖母が口ぐせのようにいっていたのに……。私はおてんばで、気が強い親に似ぬ鬼っ子でした。

戦争中捕虜にごぼうを食べさせたのが、戦後の裁判で、木の根を食わせたからと戦犯となって死刑にされたとか、所変れば品変るとはいえ、食べもののうらみもこんなことになっては取り返しがつきません。

人参は東西を問わず国際的なお野菜で、有色野菜、カロチンをふくむ栄養価高いものであるのは皆様もご存じのとおりです。台所の野菜かごの内には年間通して赤い姿の人参があるわけです。子供の頃の生命力あふれる時は体が要求しないためか、割合子供に好かれないのが人参で、年をとるにしたがい、人参が好きになるのも妙です。若いのに人参好きは助平とか今のお方は知りますまい。

高麗人参は、金剛山に自生するものが不老長寿の最高級品とか。命がけで探さなければならぬ高価な品だそうです。最近は、日本国長野県産高麗人参の輸入（？）が大流行のようです。

人間族より人参が大好物なのはお馬さんです。私の子供の頃は馬力屋さんがあって、重い荷物は馬力車でお馬さんが運び、小さな荷物は大八車で人間が引っぱったものです。さしずめ馬力が大型トラックで、大八がオート三輪と思えばいいでしょう。九段坂が下町と山手との境い道ともいいましょうか、とても急な坂でして、九段坂下には、いつも立ちんぼうと称した人力車や荷車の後おしをする人がたむろしていました。人力車の後おしをしてくれるやさしい小父さんがいて「お嬢さん今お帰りですか、お祖母さんのところで何をご馳走になりましたか。お土産なんでしょう」などといいながら、坂の上にくると、また来週いらっしゃい、それまで元気で……とその後おし代がたしか三銭か五銭だったと覚えています。

木炭俵や、お米俵を積んだ馬力のお馬さんが、蹄の裏を見せながら険しい坂道を力いっぱいあえぎあえぎくの字型に登る姿を見ると、のんべんだらりと人力車にのっているのが恥ずかしくて、小父さん、あのお馬さんの車おしてやってちょうだい、私降りるから、と車を降りて坂を登りました。空車が坂の上にきたらまたのって四谷の家に帰りますが、その途中、馬力屋さんのこと、お馬さんのこと、立ちんぼうの小父さんのこと等が走馬燈のようにくるくる回って、世の中のきびしさについて考えなければならないと思いました。時々、木炭俵や、米俵を馬力屋さんが運んできます。お馬さんは汗びっしょりです。かいば桶に井戸水を汲んで馬力屋さんが飲ませます。大急ぎで私は台所から人参を五、六本と角砂糖を両手に握って、お馬さんに食べさせます、お馬さんは喜んでよだれを流しながら大きい鼻の穴をふくらませて食べました。歯と歯をすり合せてポリポリ食べる人参は、人間に食べられる時より、嬉しいかもしれません。

そんな時代は、交通事故でけがしたり、死んだりする人はありませんでした。たまに自動車が通ろうものなら、家の中から飛び出して見るくらいで、私なんかあのガソリンの臭いが好きで、後をおっかけて鼻をうごめかしてガソリンの臭いをかぎにかけ出したものです。たいした世の中の変り方です。

さて私は毎朝三寸人参を一本、リンゴ（紅玉）を半個おろし金でおろして布袋で絞り、人参ジュースにして飲んでいます。心臓の弱い者にはたいそうよいとききましたから……。五目ずし、お煮〆、おなます、和えもの、けんちん汁、かす汁、豚汁に欠かせないのも人参で、これほど主役ではないが、三枚目としてなくてはならぬお野菜は少ないでしょう。甘くてやわらかい人参をいろいろ工夫してたくさん召し上ってください。

牛蒡《ごぼう》

金ぴらごぼうや、ひじきの煮付けを近頃はバーのママさんが作って、お酒のお肴に、ハム、チーズにとって替って食べさせるとかきくと、一体全体世の中はどうなっているの、とききしたつのですが……。バーで何を出そうと食べようと、あっしにゃあかかわりのないことでござんすといってしまえばミもフタもありません。私のガンコ頭で考えると金ぴらごぼうは、あくまでおまんまのおかずで、ネオンサインや、間接照明の下で美人のおしゃくでほおばるものとはちょっと縁遠い代物の感がしますがいかがでござんしょう?

色町では赤ちゃんの泣声と老婆の姿は禁物とか、里心がついて尻が落着かないからとの理由で……。金ぴらごぼうを見た途端カアチャンを思い出して、マイホームにすっとんでしまうのじゃあないかと思うのですが、「俺はこういうおかずでおまんまが食べたいんだなあ……、家に帰ると、女房のやつハムとチーズを出しゃあがるんで……」では困ります。世の中がひっくり返ったらしいので、バーのママさんにごぼうの気のきいた演出をご伝授しましょうか、醤油くさくないスマートなところを……。

細いごぼうを選んで紙のごとく薄く細く笹がきにしましょう。水にさらして（二回だけ、さらしすぎるとごぼうの香が抜けます)、よく水をきって、つんもり小鉢に盛り、花かつお(手かき。袋入りの花かつおでは駄目)を盛り合せ、食べる時ちょっとお醬油をかけます。日本酒、ビール、洋酒どちらにも万能です。

もう一つ、ミシン針くらいの太さに切って、さらして水をよくきり、メリケン粉をふるいにかけながら(金《かね》の味噌こしが使いよい)ほんの十五、六本ずつまとめて、温度の低い油でパリッと折れるようにカラリと揚げ、塩を少しふりかけます。ポテトチップなんか足元にも寄れない素晴しさです。

蓮根《れんこん》

花も実も葉も根も全部食べられるとてもとても素晴しいお野菜です。はすの種は千年を経ても芽を出して花を咲かせる、まことに生命力の強い植物であることは、大賀博士が証明されました。盛夏の早朝、はすの花を見る会が鎌倉にもあります。八幡様の源平池、円覚寺塔《たっ》頭《ちゅう》の帰源院、現在は材木座の光明寺で愛好者が集って、はすめしをいただき、花を観賞し、その由来をきく会です。はすの蕚《うてな》、蓮華座等古代から仏様と切り離すことはできない霊花で、永遠の霊光に連なる神秘を秘めた花として尊ぶのでしょう。

巻葉(水から芽を出し始める時)をさっと茹でて、きざんで、炊きたてのご飯に混ぜるはすご飯のおはちの蓋は必ず大きいはす葉を用います。実は甘納豆にしていただきます（中国）。

中国のはすを、日本では支那蓮《しなばす》といっていました。とても大きなはすで、花も実も根も日本のはすは足元にも寄れません。漢口、上海に住んでいた時、母は太い蓮根を見ては「なんて大きな蓮根だろう、大味で困る」といっておりましたが、私は支那茶をすすりながら、はすの実をかみしめるのが大好きでした。はすの実がなつかしくて、横浜中華街の材料店で求めましたが、カラカラで、子供の頃に本場で食べたしっとりさがなくてがっかりでした。どうも東京のはすは筋ばって固くて味気ない味です。無味乾燥の味といってよいほど魅力がありません。せいぜい酢ばすにしてちらしずしの取り合せになる程度です。蓮根本来の味は、むっちり、もっちり、甘みがあってホクホクで筋ばったものではありません。金沢の蓮根、愛知県津島の蓮根の味だけしか知らない私は、その他の地方の蓮根がどんな味だかわかりませんが、ともかく東京で美味しい蓮根を食べたことがないのは、いつも悲しいと思います。幸いなことに、仲よしのお友達が毎年津島の蓮根を送ってくださいます。掘りたてのやわらかいものほど折れやすくて荷作りに苦労をされています。蓮根が送られてくると、すぐひろげてお裾分けをすませると、二日くらいの間に食べなければならないいそがしさ。そんな折は、だれかかれかの鼻がきくとみえてなんとなく人が集ります。蓮根談義をひとくさりきかされる憂目にはあうでしょうが、もっちり、むっちり、ホクホク、はすとはこんなものかと目を丸くします。

「はすは色がきたなく煮えるので酢水につけてさらす」とか、「茹で水に酢を少々落す」、これが調理のうえで常識化していますが、私はそんなことには無頓着です。酢の味をつけるもの（酢ばす、揚げて甘酢につける）以外は、水にさらすだけで直煮をします。下茹でをいたしません。蓮根の持味を殺さないほうが少々色は黒くても美味しいと考えるからです。金ぴら煮も揚げものも蓮の特長を生かした食べ方です。

私は大きな水がめに土を入れ、煮干、鰊《にしん》等を元肥にして、蓮根を植え付け、水を張ります。すくすくと芽を出し、巻葉はすめしに……、お花はお盆のお仏様に、直径二、三センチの細い可愛らしい蓮根をお椀種や、煮物の景色に添えたり、ちらしずしのあしらいに用います。味はともかく、蓮根の鉢造りと考えるだけで自己満足をしているわけです。

くわいも同じように育てます。くわいの葉はしゃれた恰好なので、夏のお料理やお菓子の下敷にいいものです。

米

豊葦原瑞穂の国なるわが国は一年に約九千万石とれるそうです。農業技術の進歩のお蔭で、毎年平年作以上の豊作なのはまことに有難いことです。五月雨の田植え時は水の心配、稲の花咲く八月、九月は台風の心遣い、二百十日のお厄日が無事にすむまで安心なりません。子供の頃から、お米を一粒でも無駄にすると目がつぶれるとか、八十八回の手数がかかるので米という字が生れたとか、餅の的のお話などをきかされました。一粒の米も作ることのできない私たちは、お百姓さんの労苦を察してと、釜底のおこげはもちろん、お鉢の洗い流しの一粒さえ食べさせられました。汽車弁をいただく時は、必ず蓋についた米粒を丹念につまむことから教えられました。骨の髄までお米の大切なことを叩きこまれたそのうえに、戦中戦後の食糧事情をのり越えてきた経験は、いやがうえにもそれを決定づけられて、豊作不作に無関心でおられないのです。

実りの秋の今年は、この分でゆくと豊作は間違いなさそうです。しかし、保有米が余っているとかで、生産者米価とか、消費者米価とかやかましい問題がまた起きました。お互いに頭が重いことです。値上りになったとて、一日も食べないですまされるものでなし、上手に炊いて、よく噛みしめて、一粒のお米も無駄にせぬようにしましょう。

まずお米の良否を見分けましょう。ひとつまみ掌にとって匂いをかぎます。つきたてのお米なら一種独特の芳香があるものです。湿気臭かったり、糠のむれた匂いのするものはよいお米とはいえません。米粒が透明で、ふっくりと丸く、充実したものが成熟したよい米です。やせて細長く、縦の筋目がはっきりしていて、艶のないものは感心しません。青いのは未熟で、黄色は病気にかかった米です。小米の混っているのもいいとはいえません。乾燥が十分であるかないかは、噛むと分ります。乾燥のよい米はパリパリとして、噛むのにひと苦労するでしょう。

次は米のとぎ方です。手早く、きれいにとぎあげなければなりません。米は意外に早く水を吸収するもので、ぐずぐずしていると、とがないうちに水分を吸ってふやけてしまいます。まず、水を加えたらさっとかき回して、表面に浮くゴミを流します。次にひたひたの水を加え、手は軽く、卵を握ったくらいの丸味にして、中に米を包み込むような心持で米粒と米粒をすり合せるようにします。水を幾度も取替え、水加減をしましょう。新米なら同量、古米なら一、二、割増し、双方混っていたら一割五分増しぐらいです。お米の質と炊く鍋によってきめます。

はじめトロトロ中パッパ……これが常道であることは、申すまでもありません。電気釜やガス炊飯器などを使う方がふえたので、時代おくれなこともいっておられませんが、ともあれ、中パッパが過ぎたら火加減を三段階に分けて順次火を細めて、むっくり炊きます。火を止めて、むらしは五分から十分までを限度とします。お鉢に移すのですが、これもうお釜のままが多くなりました。お鉢に移す場合に限らず、ご飯専用の乾いたふきんを用意して、蓋との間にかけてください。湯気が水滴となって、ご飯にもどると水っぽくなるからです。どうか新米入りのお米が上手に炊けますように。

揚出し　茄子《なす》の丸揚げ　柿なます

揚出し

夏の間、口当りのよい冷奴、滝川豆腐、胡麻豆腐など存分に召し上ったことと思います。九月ともなったら、お豆腐も揚出しと趣向を変えてみたらいかがでしょう。木綿豆腐一丁を三つか四つに切って、乾いたふきんに水気を吸いとらせ、胡麻油三にサラダ油七の割合の油でさっと揚げるだけです。ひと切れ揚げるのに片側三十秒ずつ、都合一分間くらいがちょうどよい加減です。揚げすぎぬよう、豆腐の表面がやや淡い黄金色になろうかな？　というのが限度です。油の中に水を入れると、はぜてたいへんなことになるのですが、豆腐の水気ばかりは油と喧嘩しないのが、いつも私の不思議と思うことの一つです。生醤油をかけて食べるのが身上ですが、薬味に細かい心遣いをすることで揚出しのお値打が上がりも下がりもすることをお忘れなく……。花かつおにさらし葱、おろし生姜にさらし葱、茗荷の子に花かつおなど、七色もまた乙です。

茄子の丸揚げ

油を使うついでに、お昼ご飯のお惣菜に茄子の丸揚げをおすすめいたします。秋の深まるにつれ、茄子の肌理《きめ》が細かになって甘味をふくんできます。へたをつけたまま水洗いして、ふきんで水気を拭きとりながら、竹串を二本持って茄子の表面をぶつぶつ突っつき、油の中へくぐらせます。茄子の皮がパンクすると油がはねるからです。一度に七、八個は揚げられるでしょう。揚がるとプウーッとふくれあがり、油から出すとシューッとしぼみます。揚げたてのあつあつを、おろし生姜と生醬油でいただくのです。菊の葉や穂じそ、茗荷の子にごく薄い衣をつけて揚げるのも、また初秋の楽しみで、菊の葉の香り、穂じその歯ごたえ、茗荷のしなやかさ、どれもこれも捨てがたい風味です。

柿なます

柿なますは、柿の出盛りの頃は甘柿で作ります。大根と人参を細く刻んで、ほんの少々塩をかけてしんなりさせ、固く絞っておきます。甘柿の皮をむき、短冊に切って大根と人参に混ぜ合せます。柿の甘味がしっくりと大根になじみます。味醂をたっぷり、酢と醬油を少量、化学調味料をふって漬けます。菊の葉を敷いて盛り付けたり、竹の葉の上にほんのちょっぴり盛り合せ、梅の一輪も添えれば、立派なお正月のお祝儀になります。

年末から正月にかけては干柿を使います。干柿の種をとり、ひと口くらいの大きさに切り、味醂にとっぷり漬け込んでおきます。四、五日もたつと干柿の甘味と味醂の味がとけ合って、とても美味しくなります。お祝儀には、ゆずり葉の上に盛ってみてください。ゆず釜にして盛り込むのも、ゆずの香りが移ってとてもいいものです。

冷凍と冷凍食品

戦後すぐ、進駐軍家族が持ってきた家財道具の中で、羨しいと思ったのが電気製品、とりわけ電気オーブン、掃除機、冷蔵庫、ディープ・フリーザーの類です。どうしたきっかけかよく覚えておりませんが、軍司令官夫人が転任で帰国される時、ミセス辰巳に冷蔵庫やディープ・フリーザーを置土産にしてあげたいからほしいものを見にいらっしゃいといわれた時は、とても嬉しくて早速とんで行きました。ただでいただくのは困るからと、最低の値をつけていただき、その頃のやかましい税法にしたがって税を払って分けていただきました。鴨居すれすれの大きいフリーザーはそれ以来働き通しています。マイナス三十度ですから、どんどん凍るのがおもしろくて、手当り次第なんでも凍らしてみようと、茹でたり、煮たり、生のままなど、二十数年使いこなした結論は、以下のようなことになっています。

鮮魚、肉類、野菜、果実等、日本は四季のしゅん折々の移り変りに応じてさまざまの食べものが多く、魚屋、肉屋、八百屋は電話注文でも配達をしてくれる便利さです。野菜、果実の冷凍の必要はほとんどないというほうがいいでしょう。苺、杏、ゆず、レモン、ぶどう、ラズベリーは、ジャムの手作りを保存する程度ですみます。ジャム作りで一番有難いのは、冷凍可能ゆえに甘くないジャムが保存できる便利さです。

魚は日常の近海ものは必要に応じて生のものを買い、冷凍魚はえび、いかの類を非常用としてストックしています。釣の魚、到来物の鮎、鯛、鰤《ぶり》の類は一回に食べきれる量に分け、また、粕漬や味噌漬（鯛、鰤等）にして冷凍します。

肉類は輸入牛、輸入ブロイラー等業者が冷凍した品をストック用として保存し、内地牛の余分は、一応火を通して、フリーズすることにしています。

冷凍庫が一番役立つのは乾物類の保存で、湿度の高い日本ではこれがなくしてはとの結論が出ます。海苔、椎茸、かんぴょう、湯葉《ゆば》、高野豆腐、玉露、抹茶、そば粉、黄粉、わかめ、昆布、鰹節、するめ、煮干、ちりめんじゃこ、干えび、干貝柱、たたみ鰯、うるめ、丸干、燻製、温燻、いなだ、干ぶどう、干杏、くるみその他の木の実、胡麻、小豆、黒豆、白いんげん等の雑穀類です。

奈良漬、味噌漬、柴漬、辛子漬、甘酒の素、麴、酒粕。おすすめしたいものは納豆です。納豆が近来はわらづとにはいらず、ビニール、発泡スチロール入りになってからまったく食べられないものになりました。古式製法の店の品をたくさん求めて、一回分ずつに分けてガラス瓶詰めにして冷凍します。自然解凍するとまったく素晴しく美味しくいただけます。特長のあるものといえば、春の山椒の若芽と花を湯引きして、二、三回水にさらし、水をたっぷり加えて、小さいパック詰めにすることです。いつも青々した山椒の香りが楽しめます。松茸の傘だけを焼いて醬油と酒と同量を合せてつけ焼にして、ゆずの絞り汁をかけて完全にパックします。温め直していただきますが、これはまことに不思議で、香りも歯ごたえも新鮮そのものです。ぎんなんがたくさんあるので、皮から出して熱湯につけて薄皮をとり、サラダオイル漬にして保存します。取り出してそのまま炒めればよろしいし、また油抜きすれば、飛竜頭、茶碗蒸し、その他いろいろに用いられます。

玉葱を年内にたくさん薄切りにして、気長く狐色に炒めて瓶詰めしてオニオンスープの素にし、白く炒めてホワイトソースその他の役に立てます。春の玉葱の高い時はこれで大助かりです。それに急ぎの時、玉葱を狐色に炒める手数もはぶけると申すものです。

グラスビヤン、ドミグラス、ポロニセーズソース、ソース、暇があれば作り置きして、月日を記入し、カレールーなどは、いつでも使える用意がしてあります。カレールーをほどく間にえびを解凍して、白ぶどう酒をかけて炒めてえびカレー、鶏肉をもとにしてチキンカレー、大あわての時は、茹で卵入りカレーを作り、ハムのミジン切りや、柴漬、らっきょう、奈良漬、紅生姜を添えます。

アイスクリーム、シャーベットは常備のもの。庭の栗を甘煮にして裏ごししたものは、ひねれば茶巾しぼり、絞り出せばマロンシャンテリー等で加工品よりむしろ、乾物倉庫的な役割をしているのが、わが家のフリーザーです。

薬味　つま　けん

薬味、つま、けん、この区別をどうはっきりさせたらよいか、私にはむずかしいのです。それは同一のものが、ある用い方によって薬味ともなり、つまにもなりうるからです。例を大根おろしにとってみましょう。

天ぷら、焼魚では薬味的な存在となり、魚介類の酢のものに添えればつま的存在になるからです。

おろし生姜、露生姜は薬味として、針生姜、へぎ生姜、あられ生姜はけんとして取り扱われます。ゆずの皮も切り方用い方によって、けんにもなり、吸口、薬味的な役割になるからです。

四面海に恵まれた国土ゆえに、動物性蛋白源を魚介類でまかなってきた長い食生活の歴史から、食べ合せ、毒消し、また、よりよい食べ方の配合の妙を自然のなかから見つけ出し、食生活のなかに調和と美味のたくみさを積み重ねた知恵は、日本の食史の宝として忘れてはならないと考えます。文明の進歩は人間生活のすべてを、人力によって征服しようと寝もやらずかけめぐっているかのようです。落着いて自然のわざを見直してみようではありませんか。

春の桜鯛が出はじめ、筍がむっくり土を持ち上げる頃ともなると、山椒の芽がちゃんとつぼみをふくらましています。鯛の潮汁はどうしても木の芽でなければならぬ約束のように……。出はじめの筍とわかめのお汁にも同じことがいえますし、出盛りの筍を大切りにして煮る頃は木の芽はぐんぐんのびて花山椒となっています。吸口、匂い、けん、それは季の薬味でもあり、おしゃれともなりましょう。

「女房を質に入れたや初鰹」。その頃になるとちゃんと青じその芽が出るのも不思議なら、新にんにくの新玉が、しそと私を一緒に召し上れ、食べすぎても毒消しになりますから、といっているかのように、鮎の解禁が近づくと、道ばたにさえ蓼が生えています。蓼喰う虫も好きずきとか、蓼酢でなければ、なんで鮎の塩焼よ……こんな事々は、今さら新しく申さなくても常識なのですが……。

にぎりずしにわさび、鯖ずしに生姜、おでんに辛子、麵類にさらし葱、鱈ちり鉄ちりに紅葉おろし、ポン酢にさらし葱。

豆腐の味噌汁にさえ、冬ならばへぎゆずの一片、春は蕗の薹、木の芽、夏は青ゆず、秋は茗荷、常にはもみ海苔、青のり、切り胡麻、三つ葉、七味を添えてこそ。

しじみ汁には山椒の粉、泥鰌《どじょう》、鰻《うなぎ》、鳥類ともなればこれもまた山椒の粉と相場はきまっています。何故にと考えなくてもそれがあたりまえとして長年習慣づけられてきましたが、薬味、つまくらいまではわかるけれど、吸口、けんにいたっては、料理屋のすることであって家庭のものではないと考えているらしいと、気がかりになるこの頃のように思えます。

その気になりさえすれば、手近に、手軽く材料がころがっているのですが……。試験管や、顕微鏡のなかった時代の人々が発見した毒消し、薬味、つま、けんのこの取り組の素晴しさを考える時、食生活が進歩したはずの現代人が、薬味類に対して一向進歩せず、むしろ退歩しているかのような不思議さに、首をかしげずにおられません。

塩の使い方

先頃北海道を旅して回りました。野菜の味の素晴しさ、空気のおいしさ、人柄の美しさに旅の疲れも覚えませんでした。帆立《ほたて》貝、北寄《ほっき》貝、螺《つぶ》、かに、えびなど、東京では味わえない新しいお魚にも逢ってきました。生で、ずばり醤油をつけて食べるのですが、その醤油が気に入りません。有名メーカーの由ですが、せっかくの新しいお魚も台なしなので、地造りの、天然醸造の醤油を探しました。無名に近いものでしたが、良心的な醤油をみつけてお友達と食べくらべをしてみたのです。調味料の良否で、味がこれほども違うことを実物で教えました。

素材の持味を生かす味付けの源が塩であることはご承知のとおりです。塩の扱い方一つによって不思議な味が生れ、塩がなければ人間の食生活のうるおいは無になってしまいます。ところで、お宅の台所には、どんな塩を常備しておられますか？　食塩と精製塩の二種類はあるでしょう。つまり、茹で物、漬物、魚、果実などの洗い用、コップや湯のみ茶碗などの磨き用には精製塩を、味付けには食塩をお使いになると思います。そして、粗塩はまず置いておられないでしょう。地方によって、漬物を漬ける時節にだけ粗塩が売られるけれど、平常は粗塩が市販されていなくて困るという声をきいてから久しいことです。

近ごろの粗塩は、精製されてまことにきれいで、昔のように藁屑やゴミがはいっているようなことはまったくありません。粗塩というより、精製塩といってよいほどのものです。私は、この粗塩でほとんどの調味をしております。でも、なぜだとか、科学的に説明してみろと問いつめられると、一言もお答えに値する言葉は見つかりません。ただ、〝どうも食塩では味が出なくて〟と申すよりほかないのです。実は、年を重ねたため、老人衛生とかいわれるなかに〝できるだけ塩辛いものをひかえること〟の一条があり、塩の有難さをしみじみと知り、塩の味を味わう楽しみを知ったのです。

塩の辛さと塩の甘味！　塩がこれほどよい味をもっていて、すべての素材の味付けの源であるのは、塩の辛さもさることながら、塩の甘さによるものであることを……そして塩は精製されすぎない粒子の粗いものが〝甘い〟ということを知ったのです。野菜、魚などを茹でて皿にとり、塩をちょっぴり舌の上にのせて塩を味わいながら茹でっぱなしのものを口に入れます。つまり、口の中で調味をするのです。そして、塩の余香のある間じゅう味のない茹でたものを食べ、舌の上に塩味がなくなったら塩をなめ、素材を味わいます。これを、食塩、精製塩、粗塩、岩塩で試しました。塩と素材がかもしだす味の不思議さ！　そのなかで一番甘くておいしいのが岩塩でした。

岩塩と申しましても二通りあります。魚の塩蔵に用いるのは色のついたもので、水晶のように透き通ったきれいな岩塩が食卓用にふさわしいものです。鰹節の出汁、野菜スープ、鶏スープなどを、胡麻塩程度の岩塩を舌の上にのせて味わう興味にひかれて、塩の味の尊い不思議さを、今さらながら思い知ったのです。精製されすぎた塩には甘味がないとは、この結果から得た経験で、長い年月塩のお世話になりながら、塩の味一つについても勉強の足りなかった恥をご披露いたした次第です。

火と水の扱い

太古の人々は水を求めて水辺に居を構え、火を作り出したことによって人類は進歩しました。大気と火と水がなくては私どもは生きてゆけません。この当り前のことが、あまりに満ち足りた世の中になったので〝有難さ〟が忘れられているかのような現在です。薪、木炭で炊事をして手押しポンプの数を数え、水の節約は己れの労力の節約でもあった明治者には、いまだにひとすくいの水も無駄にしてはもったいないとの根性がしみついてしまっております。

米をとぐ、きれいにするための水は充分使いますが、そのとぎ汁は流しません。食器、ふきん、鍋釜、野菜などの下洗い用にするか、あるいは、畑、植木に撒くとか、意識するしないにかかわらず、手がそれを覚えて事を運んでいるのです。蛇口から勢いよく出る水しか知らない人たちに、水は貴重なもの、大切なものとどう説明しても感じとってもらえません。水道料金を支払えばどう使おうとこちらの勝手で、一杯の水くらいにつべこべケチケチいう口うるさい婆さんだ、くらいにしか扱ってもらえません。一銭の金を粗末にする者は一銭の金に困るという諺があるでしょう、水も同じよ……などといおうものなら〝婆さん頭にきたかな〟、てんで受けつけそうにもなく、水はジャアジャア出しっぱなしです。各家庭が水を節約すれば、都内にダムができると思うほど、それほど水の無駄使いの激しさを痛感いたします。台所仕事の多い私は、若い人たちの心ない水使いの荒さに、料理以前の恐しさを感じるのです。

火の熱によって煮炊きが可能です。はじめトロトロ中パッパ云々は、ご飯を炊く火加減を教えた言葉ですが、薪、木炭、ガス、電気、電子と、熱の進歩もいちじるしく、原子時代ともなれば想像だにできぬ様式に変るでしょう。木炭の生活時代には、鍋物の火組は、煮はじめてから食べ終るまで、途中で木炭を継ぎ足さずに火をもたせるような組み方でした。餅を焼く、海苔をあぶる。干物、魚の塩焼にいたるまで一様でなく、それぞれの工夫が要望されるのが日本料理の細やかさであったわけです。火をおこせる女は家を興す、おこした火を長くもたさなければ女房として資格がないともいわれました。

「冬上夏下」とは、冬の火種は上に夏の火種は下に置けとの言い伝えです。何をなすにも自然に逆らわなかった昔と、すべて科学の恩恵で生活する今日とに、大きな相違が生ずるのは当然ですが、火や水までがおあてがいぶちになりました。その結構なおあてがいぶちをいかに上手に使いこなすかが、現代の主婦の腕の磨きどころ、見せどころでしょう。肉を焼く火、炒める火、煮物の火、魚を焼く火、揚げものの火、煮込みの火、ともに火加減は上、中、下のなかにもそれなりの加減をもっともっと細やかに使い分けをしなければならぬはずなのですが……。水道の栓を手荒くひねるくせが手につくと、ガスの栓も荒くしかひねれぬらしいのが共通のようです。世の中が進歩発展しても、水を治められる女、火を使える女が、やはり家庭の主婦としての有資格者といえそうです。

冬

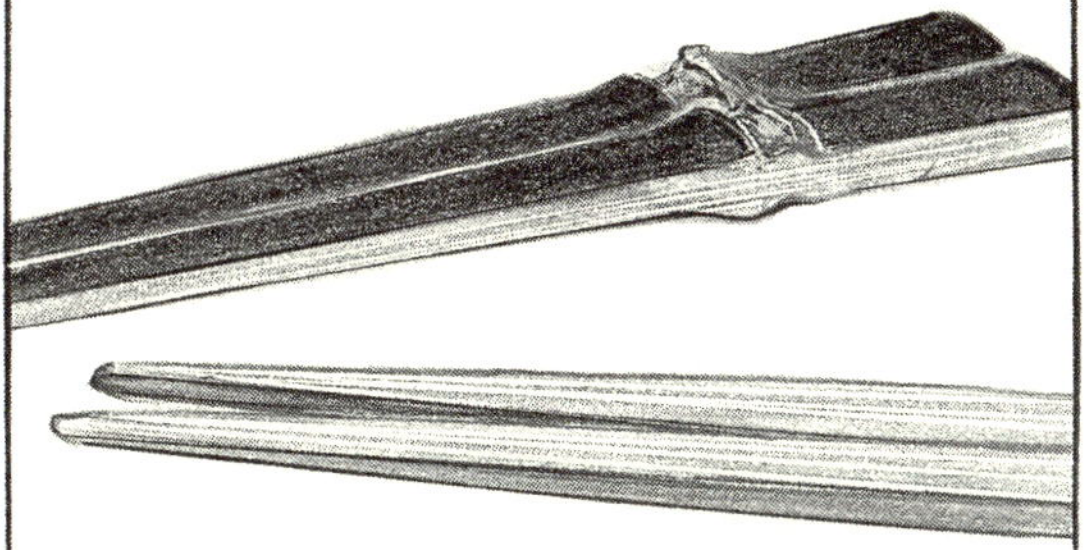

鮭《さけ》

私の生家は鮭にやかましい家でした。父が新潟県北蒲原郡の出身なので、子供の頃食べつけた鮭は今から思うと素晴しく美味しいものでした。これは三面《みおもてがわ》川で獲れた鮭だ、これは信濃川のだ、これは石狩川のだと区別して、食べ方はもちろん、切り方も洗い方も慎重にしておりました。

季節になると、幅の広い分厚い鮭の胴の部分だけを丸のままに、酒粕に漬け込んだものが送られてきました。七、八センチ幅のぶつ切りにします。火をたっぷり真赤におこして薄く灰をかけ、そして少し遠く離して上から日本紙をかぶせてこんがりと焼きあげたものです。腹側の皮のまるまった部分を一様に焦げめをつけて焼くには手加減を必要としたものです。

焼きたてのほやほやの真中に箸を入れると牡丹の花びらのような淡桃色の身がポックリ、ポックリと一枚一枚はがれて、焼きたての鮭の香りとほのかな酒粕の香りがただよって、思わずつばを飲みこんだものです。羽二重糸のような細い骨が一本ついてはがれてくるのもなつかしい思い出です。

今日でも信濃川の鮭は毎年、加島屋から、三面川の鮭は中村鮮魚から取り寄せます。これらの鮭にお目にかかるのが、年に何回かある私の楽しみの一つです。いつ取り寄せても変ることもなく、実にいい顔をしています。

頭の軟骨は氷頭《ひず》なますにします。三枚におろしたあとの中骨と尻尾はことこと茹でて三平汁や粕汁にしたり、小指の太さに切って昆布巻を作ります。いい身のところは刺身に切って、酒と橙酢をかけてわさびをはさんでいただいたり、やわらかめの酢めしを作って笹巻ずしにします。一、二度は七、八センチに切って新巻の味を楽しみ、あとは丸のままガーゼに包んで味醂粕に漬けて当分楽しんだり。加島屋のは薄塩なので、洗うだけですぐ料理にかかることができますが、新巻と申しても、海で獲った鮭と、川にのぼってきた鮭を新巻にしたのでは相違があります。昔のように粗塩が腹いっぱいじゃりじゃりしている塩鮭はほとんどなくなりましたが、塩出しをしてから使いましょう。

へちまを使ってよく洗います。案外よごれているもので、ねずみ色のきたない水が出ます。腹の中もよく洗い丸のまま水に一晩浸けて塩出しをします。水気をよくふき取って腹を拡げ、割箸を四、五センチに折って拡げた腹のつっかえ棒にして、頭を下にして北側につるして北風にあてます。一日くらい干してから切って使うのです。二、三日水に浸けて完全に塩を抜けば、味噌漬にも粕漬にもなりますし、バター焼にしても結構です。蒸してマリネーにもなりますし、でんぶを作ると適当な脂があってまことに風味のよいものができます。

上等の塩鮭はまた、そぎ身や刺身に切って、昆布〆にして四、五日おきます。鮭の切り身が透き通ってねっとりと締まって、私はこれを自家製温燻と名付けております。そのままでよし、わさびをそえ、味醂、酒、酢を合せてかけてもよろしい。また、昆布〆にせず、鮭の切り身と玉葱の薄切りを交互に重ね、酢、酒、サラダオイルを合せて漬けたのも小付、前菜に喜ばれます。

近年は鰊の不漁とともに鮭が少なくなりました。石狩川の初漁の模様をテレビで見ましたが一匹網にかかっただけでした。心細いような情けない気持になりました。三切れ十銭だった昔を思うと不思議なようで、若い方にお話ししても信じられないでしょう。それも、今のように薄くて焼きにくいようなものでなく、ちゃんと鮭の切り身らしいものでした。

今の切り方は不親切で鮭に見えればよく、そのうえ、少しでも大きく見せんがためと、斜めにはすに切ってあるため、肉の層がずれてしまって焼き上りも悪いし、食べてはなおさら味気なく、はて、これが鮭かいな？　と首をかしげたくなります。鮭が貴重になればなるほど、こんな切り方をしては鮭に対しても相すまぬわけで、一層はっきり貴重品扱いにして鮭らしく切ったらどんなものでしょう。

ともあれ、鮭と申し、鰊といい北洋の美味しい魚が年々減るのはほんとうに気にかかることです。

氷頭なます

一夜明ければお正月。私のような明治生れにとって、お年越やお正月のけじめは心が引き締まって好きです。門松、〆飾り、鏡餅は昔どおりにきちんとせずにおられません。食べものもいつの間にか繰返され、「氷頭なます」「柿なます」がお祝儀の小鉢にはいります。

氷頭《ひず》とは、鮭の頭の鼻すじの軟骨です。お歳暮の新巻の頭を使いましょう。まず頭を真二つに切り、軟骨の部分だけを切り取ってごくごく薄く切り、水でよく洗います。最初はにごった脂ぎった水になりますが、三、四度も水を取り替えますと、とてもきれいになります。なるほど氷頭という言葉がうなずけるようになります。塩の強い場合は水にさらして塩気を抜きます。水をきって、一度酢洗いして、新しく酢に漬け直します。その時、針生姜とゆずまたはレモンの表皮を薄切りにしていっしょに漬け込みます。二時間もすれば食べられますが、瓶に詰めて冷蔵庫に入れておくと一週間ぐらいは食べられます。大根おろしを添えて三杯酢をかけてもよし、また二杯酢をかけてもよいのです。大根と人参を細打ちにして、ちょっともんで、紅白なますにも合せます。

氷頭を取ったあとの頭のあらは塩出しして粕汁、のっぺい汁、大根との炊合せに使ったり、昆布巻の芯に使うと非常に美味しく、骨までもやわらかく食べられます。

鱈《たら》

戦時中の、ぐんにゃりとだらしのない恰好と、そこはかとなく鼻をつくアンモニアにすっかり愛想がつきたのか、いまだに都会の人たちから「なんだ鱈か!」と小馬鹿にされている鱈に同情を禁じえません。名誉挽回のためもう一度見直してやってください。

鱈と申しましても、真鱈と助惣鱈《すけそう》とがあります。真鱈は大きな腹をした、たら腹《ふく》という言葉になっているあの鱈です。真鱈の真子は部厚くて斑点のあるちょっとグロテスクな、大きい袋にはいっていますが、味はとてもいいです。白子は一名菊子とか、ただみといって、煮物、鍋物にすると珍味です。助惣鱈は、おなじみ深いみずみずしている紅葉子のお母さんです。腹子を取った後は、練り物の材料になるらしいです。

海も凍るような日本海沿岸で今が一番おいしい季節です。新潟、金沢、福井で食べる鱈の味と、東京の鱈とに相違があるのは仕方のないことです。しかし、東京の鱈といえど鮮度のよいものなら、刺身にも昆布〆にも使えます。第一、立派な白身の魚です。白身の魚は鯛や鮃《ひらめ》ばかりと思っていたら大間違いです。

寒い夜の鱈ちり。豆腐、春菊、白菜のあつあつに橙を絞りかけて、さらし葱と紅葉おろしで、熱燗でちょっと一杯のおしきせはいかがでしょう。お昼をカレーライスやラーメンですませ、押し合い、へし合い満員電車で帰ってくるご主人方に、きっと満足していただけると思います。鱈昆布のお清汁はどうしてどうして鯛や鱸《すずき》に現わせないさっぱりした品のよいお吸物で、わが家の自慢料理の一つです。鱈とさといもとの炊合せは、この季節に必ず所望されるおかずです。

それにしても、生鱈、塩鱈を魚屋が全部切り身にしてしまうのは、どうしたものでしょう。切り身にされては、どう食べようにも手がつけられません。

三枚におろしたものを、目方で売ってもらいたいものです。なぜと申すに、こけをひかなくては食べられないからです。気がつかないほどの、あの細かいこけが鱈の臭みなのです。

試しにこけをひいてごらんなさい。淡ねずみ色の細かなこけが、あらほんと！　というほど出てきます。こけをひいてしまえば、鱈の臭みなんか少しもいたしません。なるほど、これなら美味しく食べられる、と再認識していただけると思います。そしてもう一つ。鱈の身は層が厚くてはがれやすく、いいかえればくずれやすいのです。煮るにも焼くにも、薄い切り身では扱いにくいのが当然で、分厚い角切りでこそ、鱈ちりであり鱈昆布です。薄っぺらな切り身を使わされては興ざめと申すものです。

私は片身を求めることにしています。また、塩鱈は塩だしをして使いますから、塩の度合いをきいて買っていただきたいものです。

京都・丸山公園の平野屋は、いもぼうで名代の店です。えびいもの肌理《きめ》の細かさが、棒鱈の淡泊な味ととけ合って、しみじみした味をかもしだしています。

去年、忘れえぬ味が恋しく、久し振りに平野屋ののれんをくぐりましたが、水の使い方が足りないせいか、せっかくの鱈が心なしかにおいました。やるせないと申しますか、ちょっと淋しく、宿に帰って賀茂川のせせらぎをききながらもなにか一つ心に引っかかってなりませんでした。

干鱈

東京の人は棒鱈を煮ないのでしょうか。棒鱈買いに魚河岸まで行かねばならないので、近頃は干鱈で間に合せることを覚えました。身欠き身にしたものより、皮つきの干鱈を使います。塩だしとふやかしを兼ねて、一週間くらい水に浸けます。もちろん朝晩水は替えます。

煮上りの鱈の身が薄いのが少々気になりますが味は上々で、私たちの年配の人たちにはなつかしい味とほめられます。

干鱈はさっと焼いて、熱湯に十分間くらい浸けておき、塩だしするとともに、堅い身をほとびらかせます。むしり身にして、さらに摺子木で叩いて、酒に少量の醬油を混ぜ、化学調味料を加えてかけると、お酒のおつまみによく、お茶漬にも美味しいものです。

蝦《えび》（海老）

えび！　響きのよい名称です。紅色の美しさをまっすぐに思い浮べずにはおられません。ぷきぷきする車えびを山ほど食べてみたいとは、女の人ならだれも思うことではないでしょうか？　色、形、味、三拍子揃ったえびはほんとうに魅力のあるものです。これから結婚シーズンになるとなくてならぬのが伊勢えびです。あのたくさんのお客様に全部えびが出るのですから、婚礼に使われる数だけでもたいへんなことです。よくえびがなくならないものだと感心しながらご馳走をいただいております。

伊勢えびの解禁は九月中旬ですが、三年から五年くらいたったものでないと一人前とはいわれないので、くる年もくる年も水揚げの量が間に合うのかと案じられます。鬼がら焼、具足煮などと、時には家庭のお惣菜として食膳にのせられたのは昔語りとなりました。特別な時にしか使えないことになり、あきらめてはいるものの淋しいことです。

銀座浜作本店のかぶりつきで、親爺さんの手さばきをながめながら美味しそうなものをつまんでいると、えびさしの注文がはいります。ギイギイ鳴くような伊勢えびの頭をはがす、黄色い脳味噌がいっぱいつまって、もったいないなあと見ていると、親爺さんが「奥さんやりましょうか?」「頼みます」。えびの頭の味噌汁です。ひげをピイーンとそらした頭がお椀からはみ出して……、脳味噌から出た出汁は素晴しいスタミナ汁です。

車えびは申すまでもなく文句なしのものです。大きなものを丸のまま味醂をきかせてさっと煮あげた、あの紅色の美しさ、曲り具合のほどのよさ。だれでも大好きだろうと思います。私は栗麩を胡麻油で揚げたものとの煮合せが大好きで、これを煮る時はニタニタご機嫌にならざるをえません。車えびの小さいものをさいまきといいます。車えびの二年子で、天ぷらにするにはこれが王様です。一尾ひと握りといって、手で握ると頭と尾がはみ出すくらいが一番上等です。

十一月は芝えびの季節です。芝えびなら安心してお惣菜に使われます。大きく成長した芝えびがたくさん出回って、恰好なお値段になります。たたき身にしてお椀種にゆずの香りも高く、松茸のひと切れも浮べれば上々です。唐揚げ、かき揚げ、なんにしても手軽にいただけるのは嬉しいことです。酒煎りにしてカクテルソースにおろしわさびを混ぜて召し上ってごらんなさい。また、厚焼き卵には定評のあるものです。芝えび四〇〇グラムに卵一〇個の割合で焼きますが、私の自慢のものです。まず活きのよいえびの皮をむき、背わたを取ります。背わたをとるには、えびの頭のほうを四分、尾のほう六分のところへ妻楊枝を刺してあわてずに、引き出すようにして抜き出します。えびのわたは木綿糸ぐらいの太さで、それ以上太い、青みを帯びた薄墨色のわたは子です。子を持っている時はことに注意してわただけを抜いてください。俎板の上でトントンと叩き、擂り鉢でよく擂ります。使いみちによりどろどろにしたりぼつぼつ身を残したりします。

　すり身の用意ができたら、卵は一個ずつ、擂りながら割り入れます。決して一度に入れてはいけません。味付けは卵一個に対して砂糖大匙一、酒大匙一、塩小匙六分の一、醤油小匙八分の一。五個分を一枚に焼きます。こげつきやすいので火はごく弱く、蓋をして焼きあげます。私は菓子折りの木箱の蓋を使っています。もう一つ大事なことは、鍋を火にかけ、あったまったら油を少し流し入れ、その油で鍋をまんべんなく拭きあげて、さらに油をひいて焼きます。油を二度ひけばこげつく心配はありません。八分どおり火が通ったところで引っくり返し、片面も焼きます。

　きのこ類との出会いがまたよく松茸、椎茸、シャンピニオンとはまことによく合って、素晴しい味を出します。ピラフを楽しむのも、グラタンで舌をやけどするのも、また楽しみの一つです。車えび芝えびの頭、殻からいい出汁が出ますから決して捨てないで青み野菜、玉葱、人参の皮、セロリ、パセリの使い残りを入れてコトコトと煮出し、こしてソースにしましょう。白ぶどう酒を加えれば最高です。

牡蠣《かき》

朝な朝な霜が真白におりて身を切るような風が吹く寒の内はいろいろ食べものの美味しい時です。牡蠣もそのなかの一つです。なま暖い春風が吹き出すと、もう魅力も半減してしまいます。

香り高い、冷たい生牡蠣の感触と申しましょうか。あの舌ざわりはなんともいい表わしようがないほどです。

志摩半島的矢《まとや》の牡蠣を、名古屋のホテルのグリルで冬の間じゅう食べさせます。絣の着物をきた健康そうな娘さんが、ぶっかき氷の中に浸けた山のような牡蠣を手並みもあざやかにむいてくれます。美しい乳色の殼の上にしたたる露をふくんで、むっちりと成熟して身をちぢらせ、ひだが細かくふるえています。この季節に名古屋へ行く幸運にめぐまれると、何はさておき、ホテルの地下室へ出かけ、かぶりつきに坐り、牡蠣むきの手さばきを拝見しながら、生牡蠣の一皿と松阪牛の網焼を楽しむことにしております。

広島牡蠣の歴史もまた古く、素晴しい味覚です。むきたての広島牡蠣が小樽にこぼれそうにつめられて送られてきます。ふたを開けた時、胸の奥まで牡蠣の滋養分がしみわたるようなあの香り――これがほんとうの牡蠣の香りよ、と都会育ちのお手伝さんに教えるのです。

りもありません。

東京の魚屋さんの店先に並ぶ品は、むきたてといってもあの素晴しいふくらみも張りも香

いろいろな貝類のなかで牡蠣は万能選手ではないでしょうか。ほんとうにたくさんの食べ方があります。牡蠣は活きのいいのを、生でいただくのが、一番美味しいのはいうまでもないことですが、殻つきの牡蠣に限りましょうが、海辺の岩の天然の牡蠣はこれまた別品の味です。殻ごとよく真水で洗います。タワシなどを使って、きたないものがあとに残らないようよくよく洗いましょう。そして、それをぶっかき氷で冷やすのですが、これは、必ず殻ごと冷やすことが大切です。

殻からはなす時は、殻の盛り上っているほうを掌の下にして平らのほうを上に向け、牡蠣むき専用の器具か、あまりとがってない庖丁で丁寧にはずします。生牡蠣につけていただくソースは、トマトケチャップもさることながら、チリーソースに三割くらいのマヨネーズソースを合せ、おろしわさびをきかせてためしてごらんなさい。

フライも牡蠣の代表的な食べ方でしょう。塩水につけておいたのを竹笊にあけ、三十分くらい水切りします。ふきんで拭くのは牡蠣の身をいためますから絶対にしないほうがいいのです。パン粉は二日目くらいの食パンを二センチの角切りにし、ミキサーにかけるとちょうどよい荒さのパン粉ができます。小麦粉をまぶしたものをとき卵につけ、このパン粉の上でころがします。牡蠣には直接手を触れず、パン粉の器のほうをゆり動かして円満にパン粉をまぶします。油はサラダ油なら最上、レモンのひと切れを添えるのが常識ですが、橙をお使

いになってごらんなさい。二つに切って汁を絞り、これに醤油を合せてとき辛子を少々つけ、カリカリの熱いのをポッとひと口に頬ばるのです。

その他、スープ、グラタン、牡蠣ご飯、鍋物、蒸物など、牡蠣は栄養も消化もとてもよい食物で、日本、外国ともに賞味されています。一番味の素晴しい冬の季節にたくさん召し上ってください。

海鼠《なまこ》

寒さが身にしむ頃になるとなまこが出はじめます。毎年のことながら、手にするたびに最初にこれを食べた人はどんな勇気の持ち主だったのか、と感心するのです。庭の朽木に木耳《きくらげ》らしきものを見つけた時、植物図鑑を開いて確かめてもなお、〝ふぐは食いたし命は惜し〟で、専門家に見ていただいてからやっと安心して料理に使った自らをかえりみて、昔の人々が食用に叶うものと叶わぬものとを区別したことに頭が下がります。

ポリ袋によってたいへん助かっているものの一つに、なまこがあることをご存じですか？なまこは脂に出会うと表面の疣《いぼ》がとろけてくずれ、本質もやわらかく変化してしまうものです。とろけたなまこなど、何の価値もありません。産地から築地市場までは単独に出荷されるのですが、魚屋の手に渡ると、積荷の都合で鯖や鰯との同居を余儀なくされ、はなはだしい時は下積みになって、上の箱から魚の汁がしたみ落ちる憂目に逢う始末になります。新鮮ななまこは、疣はとけるは、表皮はくずれて紐が下がる、という哀れな姿に変り果てるのです。魚の扱いを心得ていた昔の魚屋さんは、こんななまこを売り物にはしませんでした。盤台の中にはなまこ用のバットがあって、ゆずの二つ切りが入れてありました。ゆずを忘れた今の魚屋さんのために、ずるずると半とけのなまこで悲しい思いをたびたびしましたが、ポリ袋の出現で解消しました。なまこにとっても私たちにとってもご同慶にたえません。

なまこの酢のものの作り方に西と東の違いがあります。調理、味付けなど食べものは、ほとんどすべてと申してよいほど西方に軍配があがるのですが、なまこばかりは東方に軍配をあげたいと思います。関西は名のある割烹店でも、せっかくの疣を落して、やわらかくして、厚めのぶつ切りにして出します。そのため、なまこ特有の紋様は消されて、匂いもぬめりも失ってしまいます。関東は、なまこの色、斑の紋様はそのままの姿を大切にし、もちろん疣もそのままを最高としています。そして紙のように薄く薄く切ります。切り口は美しく、縞目が通って、透き通るような薄身はゆず酢の香りをのせて、舌の上を冷たくひとひら、ひとひら、すべっていくように作るのです。西方はなまこの表面を磨き、東方は〆めて使うところにこの差がうまれると考えます。

〆めることはいとも簡単です。新鮮ななまこの腸を抜き出して、きれいに洗って瀬戸引きのボールに入れゆずを絞り入れる、それだけのことです。種も皮もいっしょに漬けてよいのです。橙、すだち、レモン、どれを使ってもよいのです。ただし、橙の皮だけは苦すぎるので入れないほうがよろしい。酢をかけた瞬間、なまこはきゅっと縮まって、疣もしまり薄切りにしやすくなるのです。砂糖を用いないゆずの合せ酢——味醂または酒を使います——をかけ、針生姜またはわさびを添えていただきます。冬の酢のものとしてはお惣菜向きのものですから、どしどし召し上っていただきましょう。

このわた　このこ

生殖腺だけで作られる佳肴にこのわたとこのこがあります。最高級の酒の肴と申せましょう。色、味ともに日本的な風格の高いものと誇るに足るものです。このわたは、九州、四国、金沢、愛知、北陸、北海道の各地で作られておりますが、各地とも洗い方、塩のあて方に秘法があるようです。能登のこのこは古い歴史をもっております。珊瑚色をした、薄い亀甲飴のような長三角のこのこは雅味に富んだ珍味です。寒中、なまこの生殖腺をとり、塩水でよく洗って細かい磨き藁にかけて干しあげるのです。気味の悪いなまこの生殖腺から、このわた、このこなる絶品を作りあげた、味覚の持ち主はどんな人だったのでしょう。

干《ひ》魚《ざかな》

潮風の吹き回しが何かの都合で山の樹々をいためなかったのか、今年の鎌倉の紅葉は珍しく美しく、十二月のなかばを過ぎても朝日に輝き、夕日に映え、居ながらにして秋の美しさをたんのうしました。朶《そだ》を焚く煙が山肌を流れのぼる風情はひとしお美しく、師走の空をくゆらせるのでした。落葉を焚いて酒を温めるとか、おき火でさつまいもの丸焼ならぬ、うるめの丸干を焙って渋茶を飲むほうが性に合うようになったとは、だてに歳はとらなかったせいでしょうか？　刺身や酢のものより、上がりのいい干物を上手に焼いて、噛みしめるほうが好ましく思うようになったのです。

くさやの干物、うるめの丸干、でびら鰈《かれい》、あご（飛魚）、干鱈、ちりめんじゃこなどの堅干もの。むし鰈、甘鯛の一塩、小鯛や黒鯛の味醂干、むろ鯵や魳《かます》の一塩、いかの風干など、おなかにたまらず、小骨をこんがり焼いて香ばしさを楽しむなど、干物のよさを味わうには恰好のものだと思うのです。

江戸っ子が好むくさやは、昔のように二十二、三センチもある部厚い大きなものは見当らなくなりましたが、十七、八センチくらいで結構いいものがあります。焼きたてのあつあつをむしって、ちょっとお醬油をつけて、あたたかいご飯でお茶漬にしてでも召し上ってごらんください。これに浅漬や白菜の漬物でもあればなんにもいりません。たまには、こうした取合せも必要ではないでしょうか。

うるめの丸干は氷見か土佐のものがいいようです。頭も食べられるように焼くのが大切ですが、頭をこんがり焼くために、肝臀の身のほうをぐずぐず焼いたのでは元も子もありません。頭はこんがり、身はもっちりと、腹わたの苦味が生臭くないほどに焼きあげることが大切です。でびら鰈は焼く前に全面を叩いてから焼く、鰺や干鱈は焼いてから叩く。いろいろな方法があるもので、「干物なんかただ焼けばいい」と軽い気持で取り扱われてはたいへんです。

ちりめんじゃこは、関東で味わうことのできない素晴しいもので、白子《しらす》と同じようなものだと思う人もあるかもしれませんがまったく違います。干のよくきいたちりめんじゃこは、魚の生臭味もなく、堅さの歯あたり、塩加減ともにまことに素晴しい。そのままゆず、橙、レモンなどの絞り汁をかけて、醤油を少々たらしていただきます。ばらずしに入れると、とても美味しいものですし、炊込みご飯にしても素晴しい味を出してくれます。

生干の干魚で美味しいのは、むし鰈と甘鯛ではないでしょうか。なまの時は身がやわらかくて扱いにくいのに、干物にすると身がしまってなんともいえぬ風味が生ずるところに干物のよさがあるのです。

橙色の腹子をもったむし鰈を焼くのは、これまた細心の注意が必要とされます。半焼けの魚ほど生臭くて不愉快なものはありません。腹子を完全に焼くために、身のほうが焼けすぎても困ります。私は黒い皮のほうの腹側の部分に、腹子にそって一筋切りめを入れます。つまり腹子に少しでも火を通りやすくするためです。そして、腹子の焼け具合にたえず注意しております。

小鯛、黒鯛、鰺の味醂干は、味醂のためにこげつきやすいので、よほど火加減に注意しなければなりません。が、それかといってこげるのをコワがっていては干物が乾きすぎてコチコチになりかねません。まことにやさしいようで、むずかしいのが干物の焼き具合なのです。海苔や干物が上手に焼けるようなら、まずまずお料理の腕前は上級と申してもよいでしょう。それにしても、きれいに干しあげられた機械干より、ちょっと見は悪くても、太陽と風にさらされた天然干のほうが、味でまさるのはどうしたわけでしょう。

鱚《きす》は大ぶりのものを、たて塩にしながら三枚におろして、ふきんで水気を拭き取り、味醂四、醬油六の割合のつけ汁に漬け込み、冷蔵庫に一時間ほど入れておきます。串を尻尾のほうに通して、風通しのよい場所に吊し、小半日も干してから焼いて食べますが、脂ののり具合、醬油の焦げめの香り、むっちりしたやわらかさ、日本の秋の味は、こうしたもののうちにあります。秋鰯を指先で開いて骨を抜き、同じように干しても見事です。〝ちょっと手をかける〟効果の素晴しさ。庶民的な味が満喫できるでしょう。

大根

日本各地、その地味によって姿、形、味に特徴をもっている大根はまことに不思議と申すほかありません。年々歳々品種の改良が行なわれておるでしょうが、鹿児島の桜島大根を関東地方で作る不可能はわかるとしても、名古屋地方の青首が東京の地味では青首本来の味が失われる不思議さ。夢の超特急が西と東の差を縮めてくれても、大自然の偉大さはそうたやすく縮めるわけにはいかぬようです。

東京地方には、かの有名な練馬大根なるものがありました。真白で太く、艶があって滑らかで、みずみずしい、よく人の口の端に出る「大根足」の響き、お若い方はこの言葉は嫌いです。私も娘時代はこの言葉が大嫌いでしたが、今の私はこの言葉こそ、若い女性の健康で潑剌とした状態を一言で言い表わした若さにあふれた艶のある表現だと思うのです。〃まあ失礼ね〃といやがりなさるけれど、大根足といわれる時代がまこと人生の花、だれにも意識されない「たくわん足」になってしまってはミもフタもありません。見わたすかぎり畑だった練馬が住宅地に変ってしまって練馬大根の姿が消えると、大根足なるほほえましい言葉も忘れられていくでしょう。

昨年は大根一本百円の値が出ました。大根が高いので葉の先からしっぽの末まで食べる工夫をしています。ことに大根の葉の栄養価の高いことは、白い部分の幾倍ときいては、とてものことに捨てることはできません。

青い葉の部分をしごいて、さっと湯通しをして、細かくきざんで塩味をして菜めしにしましょう。茎は糠味噌に入れたり、きざんで大根のしっぽや皮を混ぜて大阪漬けにします。青い葉を温度の低い油で真青にからりと揚げて箸で細かくつぶし、大根おろしに混ぜ合せ、二杯酢または三杯酢で和えます。酢はゆず、レモン、すだちなどを使えば理想的な栄養食になります（パセリ、セロリの葉も同様にできます）。葉も茎もともに細かくきざみ、胡麻油で炒め、砂糖、醬油でやや濃いめに味つけをしてからからに煎りつけ、七味唐辛子をふりかけると、温かいご飯にうってつけで、まことに食欲をそそります。

近頃の大根に葉のついていないのはどうしたことでしょう。卸し市場の裏は大根葉の捨て山で見るも無残な有様です。農家の人たちは、立派な大根を作るために、まず葉を虫に喰わせないよう大切にします。十月に出荷するためには六、七月頃に種を播かねばなりません。その時節は害虫の盛りで、芽の出た双葉の頃から防虫作業を怠らず、手入れに手入れを重ねて作りあげるのです。葉の成育を見ればすべての根菜類の出来、不出来がわかるのです。あの山のように捨てられた大根葉を見て、農家の人たちはどう思うでしょう。よしんば一本が百円であっても、全部をこなしきればまあまあ我慢もなりますが、葉のない大根では、栄養価から計算すると一本三百円以上の大根を食べることになるのです。お金勘定の上手な近代女性がこうした浪費に気がつかず、そのうえ、大根や白菜の塩漬けまでポリ袋詰めで買うようでは所得倍増が三倍増になっても、家計は赤信号であるのが当然です。

八百屋の店先にいると、たいていの方が、せっかくの大根の葉をいらないといわれるのです。老婆心をおこして、〝それはこうして利用なさい〟と葉の効能をひとくさりすると〝まあ、大根の葉が食べられるのですか〟と目を輝かされるのを見て二度びっくり。

白菜

冬野菜の花形、白菜が八百屋の店先をにぎわす季節になりました。農業技術が発達した近頃は、ほとんど一年じゅうありますが、なんと申しても、十二月上旬から出回る晩生の白菜が、品質もよく、味もよく、貯蔵にも適しております。

白菜は丸くて白く、固く巻いていて、同じ大きさなら、重いほうがよいとされております。ちょうど十一月末から十二月の初め頃、店頭にうず高く積まれて、安いものと、割高なものが同時に出回るときがありますが、安いほうは鍋物、煮物には向いても、漬物には適しません。大きくてしっかりしたものでも、先のほうがつんもりと高く、とがり加減のものが多いものです。これは、早生《わせ》、中手《なかて》の品種ものでやはり漬物に向きません。試しに真二つに切ってみましょう。芯の部分に、とうが立ちはじめているのをご覧になれると思います。一株の白菜を求めるにも、八百屋さんに産地をきき、品種の別をききただすと勉強になります。

私の畑にある九月に播いた白菜も、順調な生育をつづけております。猫の額ほどのお蔭で、日照りつづきでも朝晩水やりに手数がかからず、見事な薄みどりの葉を広げております。自家製で年末の漬込みをいたそうなどとは毛頭考えてもおりません。縮緬白菜を結球させないように、バァーと広げたまま、冬の太陽を充分に吸収させて、翌年花が咲く頃までサラダで食べるためです。霜の降る、凍りつくような冬の朝、冷たい空気を胸いっぱい吸いながら、凍ってガラス細工のようにピイーンと立った白菜さんに〝お早よう、また食べさせていただきます〟とポキリ、ポキリと葉を欠いて、台所の調理台におき、朝の仕度をしているうちに、霜がとけて新鮮そのものの姿にもどっています。

　春になって、とうがたち花が咲きはじめると、これまた待ってました、とばかりの楽しみです。蕾がふくらみはじめると、摘み取っては、摘み取っては、サラダに、お汁のみに、胡麻和えにいたします。うららかな陽ざしをあびながら、蝶々の舞い狂う下で菜の花を摘むのは、まことに楽しい春の日の倖せです。若い日に返って「菜の花畠に入日薄れ」と歌わずにはおられません。

　十二月中旬に漬込み用の白菜を求めます。例年のことなので八百屋さんが、市場で相場の安い、品質のよいものを仕込んできてくれます。私のほうは受け入れ態勢をととのえておきます。かめ、樽、押し蓋、重石、ビニールの風呂敷、紐、塩、赤唐辛子、出し昆布。白菜が到着したら、洗わないうちにまず、真二つに切ります。ひとにぎりの塩を切り口にこすりつけ、積み重ねてひと晩おきます。翌朝、白菜洗いが始まります。前の晩の塩によって、白菜はいくぶんしんなりとして、水で洗ってもやわらかく、ですから葉が折れる心配がなく、一枚一枚根元をなんの苦もなくきれいに洗えます。こんどは、切り口をふせて積みあげ、充分水気をきってから本漬にかかります。

　さっくりと、歯ざわりのよい白菜のお漬物は、冬の食卓をどんなに楽しくしてくれることでしょう。ゆずまたは橙の絞り汁を二、三滴、お醬油をかけて召し上ってください。私の朝鮮漬、一度皆様に召し上っていただきたいと思いますが、紙の上ではどういたしようもございません。

小蕪《こかぶ》

ちょっと夕飯のお買物に行ってきます、と籠を下げて外に出ると、桜並木の浄明寺小路は秋色でいっぱいです。竹垣ごしに柿の葉が色づき、西陽を受けたはぜの枝は、今年もまた目にしむような美しさを見せ、溝に落ちている桜の紅葉すら拾いあげたいくらいです。表道路に出たとたんトラック、オートバイのけたたましさに、これが同じ鎌倉かと、秋色もへちまもあったもんじゃありません。どうぞひき殺されませんようにと、家並にぴったりついて歩く始末。その恐しいこと、お店にたどりついてやれやれ。しかし、さすがに秋はいいですね、八百屋も魚屋も品物が豊かで。一年中で一番豊富な時じゃないでしょうか。

関西に自慢できるものは、金町小蕪とさつまいも。これだけはたしかに関東のほうに軍配をあげましょう。かぶも葉もやわらかくて全部食べられる金町小蕪は、ちょっと関西にはありません。ところが、東京のたいていの奥様がこのかぶの葉を尊しとせず、思いきりよくちぎり捨てるのですから、そのたびに私は肝がつぶれそうです。大根もこれと同じ扱いを現代はうけています。物価騰貴をやかましくいいながら、かぶや、大根の葉を捨てるとは物価物価という資格なんてありません。関西のかぶのように葉が強《こわ》いから食べられないものと思ってでしょうか。金町小蕪は茎も葉も食べるものとお考えください。では小かぶで煮ものをしてみましょう。

小かぶの茎を二センチほどつけて皮をむきます。茎と葉はよく洗って四、五センチの長さに切り揃えます。出汁は鰹節と昆布で濃いめにとれば上々です。鍋に茎つきのほうが上側になるように並べます。出汁一、味醂四分の一、醬油八分の一、塩少々、化学調味料で味付けをして、かぶがひたひたになるほど加えて、中火で煮はじめます。かぶに三分どおり火が通ったとみたら茎と葉を加え、やわらかくなるまで煮つづけます。火が通ったら、酒粕をひとにぎり、半カップの煮汁でといて加え、三、四分煮て火を止めます。ゆずの皮を細長く切って天盛りに添えます。煮汁はたっぷりかけてください。酒粕の代りに西京味噌を使って白味噌煮にするのもご婦人に喜ばれます。ただし、白味噌は甘いので、味醂の代りにお酒を使うように。

お惣菜向きに油揚といっしょに煮合すと、気取りげのない、親しみのある煮物鉢になります。また、鶏の挽肉と煮合せて、葛びきにされると、これからの寒い時など体も温まります。そして品もよく、お年寄りには喜ばれると思います。牡蠣、蛤、えび、鶏肉といっしょにクリーム煮にすると、かぶの甘味が貝類、鶏肉、牛乳などによく合ってまことによろしいものです。ただし、クリーム煮の場合は、かぶと茎を使って葉先の部分は使いません。私はかぶの葉の風味は、牛乳にとけ合わないように感じます。

葉先は菜めしにします。さっと湯がいてみじん切りにして、塩を茶匙一杯ぐらい加え、固く絞って、火を止める直前のご飯に加えます。むらし終ってからかき混ぜてください。とても風味の高い菜めしができあがります。

小かぶの香味漬

香味漬もいいものです。小かぶを根付から切り離して、丸のまま薄切りにしてごく薄く塩をします。葉と茎は細かにきざんで、ひとつまみの塩を加えて軽くもみます。青い汁が出ますから、きゅっとひと絞りして、小かぶと混ぜ合せます。これに昆布の細切、針生姜、赤唐辛子の薄い輪切り、ゆずの皮のみじん切りを合せてかぶ一束に対し、大匙一杯くらい加えます。人参の糸切りも同時に加えてよく混ぜ、薄塩で漬けます。十二時間たてば食べられます。食卓に出す時は、水をきゅっと絞って味醂または酒に同量の醤油を混ぜ合せたものをかけ、さらによく混ぜます。即席漬としてだけでなく立派な小鉢ものに使えます。ビールによし、酒によし、ご飯にもよしで、なかなか重宝です。

自然薯《じねんじょ》（山芋）　捏薯《つくねいも》　薯蕷藷《とろろいも》　長芋《ながいも》　蝦芋《えびいも》

自然薯、つくねいも、とろろいも、長芋、えびいも、八つ頭、さといも、赤目、セレベス等々芋づくしで歌か詩でも詠めれば優雅なのですが、食い気ばかり、お腹の張るものばかりで、いささかの色気も台なしで、恐縮でございます。

自然薯

自然薯は、山に自然に成育したとろろいものことで、一名山うなぎともいわれるスタミナ芋です。掘りあげる技術の至難なことはよくきかされ、藁づとに包まれて貴重品扱いを受けています。掘るエチケットとしては、掘りあげたら必ず来年のための芽を山に置くのだそうです。とてもねばりが強くて味も重厚です。自然薯はひょろ長く細いので、完全に皮をむいてしまっては食べるところがなくなってしまいます。皮をむかずにひげだけ取っておろしていただきます。真白なとろろいもに慣れている都会の人たちには、こんな色になってと気にかかるものですが、決してご心配には及びません。自然薯はこうしたものとお考えになって、召し上ってください。

こちこちの茶色のまま、ゆず酢、かぼす、すだち、橙等の絞り汁をかけ醤油を落して召し上ってください。梅干大二、三個も召し上れば充分です。出汁でのばしてむぎとろ汁、そば汁にされればさらに結構です。すったままを吸物に落すと、そのまま浮いてまことに素晴しい味です。

つくねいも

つくねいもは、八つ頭ののっぺりしたようなものとでもいったらいいでしょうか。腰が強く味もよく、のびがきいてとろろの中の白眉《はくび》です。関西はほとんどつくねいもです。どうしてこの芋が東京の市場に出ないのか、私の不思議に思うことの一つです。つくねいもの出はじめる頃、名古屋のむらさき屋というお菓子屋さんで、山の芋を材料にした香り高い、真白なふんわりとやわらかい生菓子が作られます。乳白色の切り口からちらりと小倉餡《あん》がのぞかれて、生菓子もここまでくれば〝芸術品〟の感がいたします。ひと口ふくむと、プーンと山の芋の高い香りがすべるように喉を通ってゆきます。季節の味として忘れられぬものの一つです。

とろろいも

平べったい白い手を広げたような形のとろろいもは関東地方のもので、自然薯やつくねいもを食べなれるとちょっと水っぽく、たよりなく思われます。ところで、とろろいもをおろす時は、おろし金の細かい面を使ってください。粗いほうで手早くおろして、あとは擂り鉢で擂ればよいと考えたら大間違い、弁慶のそっくいにならって、初めから細かい面でおろし、擂り鉢で擂らなければ滑らかにはなりません。

長芋

おろすとたらたらと水のように他愛ないものは長芋です。一名鼻ったれ芋ともいいます。これはおろして食べるのがしょせん無理と申すもので、切って食べるに限ります。きざんで食べるにはこの長芋でなくてはなりません。皮をむいて薄く短冊に切って二杯酢か三杯酢をかけます。しゃりしゃりと歯ごたえがあって、乙なものです。お平の長芋として、真白く煮物にしてお煮〆の付け合せに用いた時代もありましたが、昨今はほとんど見たことがありません。真白でのっぺりと、なんの変哲もない、毒にも薬にもならぬ男性を「お平の長芋」といいました。まあまあそんな味でしょう。

自然薯、つくねいも、とろろいも、ともに日本式生野菜の食べ方として誇ってよいものと考えます。サラダばかりが生野菜の食べ方ではありません。麦とろ、山かけ、月見、摺りおろし汁、とろろそば、どれをとっても栄養豊かに盛り込んである知恵と思い返しましょう。皆さん、実りの秋にふさわしく、山の芋の生食で元気にゆきましょう。

えびいも

えびいもは関西、八つ頭は関東、どちらも煮ふくませにしたら両横綱。うずらのたたき、えびの飛竜頭とうま煮にしたら忘れられないものです。棒鱈との炊合せの芋棒《いもぼう》は京都の名物……生鱈のかま、腹身を鰹節と昆布出汁でえびいもと炊き合せるのがわが家の芋鱈で、なかなか評判がよろしいものの一つです。

けんちん汁、豚汁、芋の子汁、お煮〆、おでんにさといも類はなくてはならないものです。薄くも濃くも、その時その時の加減に応じてお好みのまま、調理をして召し上ってください。

里芋

新潟県長岡在から毎年届くさといもが本年もまた着きました。送り主は、日本建築の水沢文二郎翁で、翁はすべてに対して納得がゆかなければ承知できない、あくまで本物を追求する名人気質のお人です。この方が〝この人の作ったさといも〟と称して送ってくださるさといもです。その畑の土に性が合い、作り主の手によって丹精されたさといもは実にいい顔をしています。見た目は京都のえびいもの孫ぐらいで、味は関東の八つ頭が七分、京都のえびいもが三分といったらいいでしょうか。とにかく肌理《きめ》が細かくてぽっくりした、とても美味しいさといもです。このさといもについてのお話をまずきいていただきましょう。

ある時、水沢夫人にさといもの味をほめましたら、「そうですか？　主人が、たしかに美味しいはずだが子供の頃母親の煮てくれた味がどうしてもでない、と申すのです。一所懸命、鰹節で出汁をとったり、味醂を使って煮るのですが、どうした加減なのでしょうか？　皮をむいて茹でて、ぬめりを取ってから丁寧に煮るのですのに……やっぱり駄目だと申してききません」とおっしゃいます。なるほどと思いました。

さといもは、皮をむいたら決して水に浸けてはいけません。最初にさっと洗って、皮をむいたら、すぐ堅く絞ったふきんで拭きあげてください。茹でたり、ぬめりを洗うのも不要です。上等の鰹節の出汁なども必要ではありません。煮干や昆布の出汁で結構です。味がついた煮汁でいきなり煮あげてごらんなさい、と申しましたところ、翌日さっそく「おっしゃったとおりに煮てみましたら、主人が〝母親の煮てくれた味だ〟とたいそう喜びました。不思議なことに煮汁は少しも泡が立ちませんでした。今までまったく馬鹿げた苦労をしておりました。お蔭様で」との電話でした。水で洗って、さらに茹でて、ぬめりを取ってしまってはさといもの美味しい養分がみな流れ出てしまって、カスを食べることになるのですが、こうした間違いが近頃の食べものにはたくさんあるようです。

洗ってあるさといもと、土のついたさといもを並べておくと、洗うのが面倒だからと洗ったほうを買ってゆくお客が大半なので、と八百屋はいいます。皮がつるりときれいにむけるように洗うには、どうするか考えたことがありますか？　薬品で洗うのです。人体に害を及ぼす薬品で洗うのです。その薬を塗れば皮膚がむけるかもしれません。胃の腑にはいれば胃の腑が……恐しいことです。

ごぼうにも同じことがいえます。ごぼうは皮の部分が美味しいのです。芯は堅くて筋ばって食べられないのが常識です。管ごぼうというのは、芯を抜き取って外側の皮の部分だけで管にしたものをいうのです。ごぼうの大切な外側を薬で洗って白くしたものを、さらに庖丁の峰でこそげて取れば、まったく食べられない芯の筋を食べることになるのです。それゆえにまずいのです。さといもにしてもごぼうにしても、まずくなるようにするからまずいので、人間の口は正直です。ことに幼児ほど純真に美味しいまずいがわかります。まずくするから子供たちに嫌われてしまうのです。〝これ嫌い〟といわれると、うちの子は嫌いでございまして、と決めてしまい、嫌いな原因はさといもやごぼうにあって、自分の側にはない、と考えるところが不思議で、こういうことにしばしば出会うこのごろです。

生野菜と煮もの

敬老の日、秋祭り、七五三、とつづく祝い事のたびに手慣れた私の手は、自然に、小豆をより分けて下煮をし、もち米を洗って茹で汁につけ、さといも、人参の皮むき、結びこんにゃく、ごぼうを糠でやわらかく茹でる等々、頭より先に手のほうが順よく動いてくれます。温かいおこわ、山のようなお煮〆、お年寄の付添の若夫人、孫の友達の若いお母さんたちがきまったように、

「こんな美味しいお煮〆! 久し振りです。どうしたらこんなふうに煮えるのでしょう? お野菜の煮たものってこんなに美味しいものなのですね、ごぼうや、蓮根のやわらかいこと、さといもの味と、お赤飯がこんなにもぴったり調和するのですね」

「日頃、ごぼうや蓮根は召し上らないの」

「一年一度、お正月くらいしか煮ません。私たちが学校で学んだ時代は、野菜は煮ては栄養価が消えてしまうから、生で食べなさい、と教えられました。それでつとめて生野菜で食べるようにしています。煮るのは悪い食べ方だと考えてしまうくらい、生食を力説されたのですもの、それが正しいと思い込んでいました」ということでした。困りましたね。そんな馬鹿げたことだれが教えはじめたのでしょう。よく考えてみてごらんなさい! 人間が火を発

見して食べものを焼くことから始まり、煮るための鍋に相当するものを作り出しました。これが文明への進歩、人間にしかできない火を扱う第一歩だったのではないでしょうか。それ以前は人間も動物たちと同じように、肉類、魚介類、野のもの山のものすべてを生食していたのです。食べものに火を通すこと、これはいったいなんのためか、考えたことがありますか？　身近にある食べ物の例をとってみましょう。世界第一と称される中華料理は、どんなに火を通してよく煮てあるか。烈火でじゃあじゃあ炒めたり、揚げたりするばかりが中華料理ではないのですよ。高級なものは四六時中、あるいは一週間以上も下準備のため煮る、茹でる、蒸す、揚げる、の繰返しのうえで最後の仕上げがなされるのです。それは洋風、和風ともに共通した調理の約束であり、原理であるのですよ。

サラダ菜、トマト、胡瓜等をザクザク切ってポリポリ食べることが正しいなどと考えたらずいぶんみじめなものの食べ方です。幼い子供、病人に生野菜をバリバリ食べられるでしょうか。火を通さなくては食べられないもの、なまのままのほうがよいもの、この二つに分ける方法をもっともっと研究していただきたいものです。なまの状態の時の栄養価ばかりを数字にあげ、煮炊きして消失してしまったかのようにみえる栄養価が体内にはいってどのような滋養物になって働きを起すかはまだまだ研究の途上にあると考えていいのではないでしょうか。生の場合の栄養価の数字だけに安心していてはもはや知恵おくれだと思います。口から入れて消化、吸収が完全になされてこその食べものであり、食べ方じゃあないのでしょうか。数字に片寄って生野菜でなければと思い込んでは、食べものの範囲がせばめられて、淋しい食卓ですね。秋の香りの、茸類や栗、さつまいも等生で食べますか。松茸、しめじ、初茸、なめこ、舞茸を生で食べたら死んじゃいますよ。栗もやわらかく茹でたり煮たり焼いたり、さつまいもも、蒸したり揚げたりして召し上れ。その代り、生のままで食べなければならないものに、山のうなぎといわれる、自然薯、つくねいも、とろろいもが、ちゃんとあるのですよ。大根、白菜、人参は生でもよし、煮てもよし両方相兼ねるものも山ほどあるのです。せっかくの人間の知恵を、片方だけに片寄らせずもっともっとまるく考えて実りの秋、食欲の秋、体力の秋を豊かに楽しく食卓の上に盛りあげましょう。それはとりもなおさず、妻、母の大切な責任のうえになされなくてはならないのです。

おせち

物価高の年末をひかえて、皆様方はどのようにお正月の予算を立てておいでですか。日本経済新聞の生鮮食品相場を見ると、生活物資のすべての相場と荷動きを知ることができます。師走の声をきいたら予定に合せて生活の予算を立てるのが賢明と考えます。クリスマス、新年とつづく出費の年末は、上手に頭を使って、よい年をむかえる準備をいたしましょう。

するめ、昆布、ごまめ、黒豆、白いんげん等の乾物類は、おそくとも二十日頃までに買いととのえます。おしせまるとよいものが品薄になるからです。白菜漬、朝鮮漬、かぶら漬、いかの塩辛等も二十日頃までに仕込みを終らないと、お元日に間に合いません。予定を立て、二十日前後に注文を終り、ざわざわたてこまないうちにおもな仕事を終るように心がけます。

昨年末某デパートのおせち料理売場を見てびっくり仰天しました。大根、人参、さといもの煮ものまでポリ箱入りではありませんか。各種が二切れ三切れずつのほんの真似ごとくらいの量でいったい幾人の家族で食べるのでしょう。食べ盛りの子の一人前分です。それがよく売れるので二度びっくり。田作り、きんとん、黒豆、昆布巻のすさまじさ。見るからに着色とわかる栗きんとん、卵っ気のないだんごのような伊達巻、蜜でからめた田作り、ぞんざいな昆布巻、真赤なたこの八っちゃん。なぜこんなものを買わなければならないのでしょう。大切なお金でこんな粗末なおせち料理を買いにくる暇があれば、大根や人参は家で煮られそうなものをと……山のような既製品の前に立ちつくして、淋しくなりました。

私はおせち料理をつくるたびに、当時の為政者のすぐれた行政のあり方を感じます。外国との交易も行なわぬ小さい島国で、貧富の差はあるでしょうが、正月をはじめ月々の行事、二月節分、三月節句、お彼岸、四月花見、五月節句等々、日本の北から南の端まで、とにもかくにも行事に事寄せて、同じ食べものを平等に食べようとしたことです。よくよく見ると、特別これというふうのものではありません。日本全国津々浦々まで、たやすく手にはいるもの、そして高価でないものを選んであることです。

田作り（ごまめ）はしこ鰯の干したものです。大漁の時は肥料にするものです。昆布巻も、昔は庶民の食べものである身欠き鰊を昆布で巻き、黒豆も日本中田のあぜでとれました。数の子にしてもただのようなものでした。するめも鮭も安かったし、常とちがうのは砂糖をたくさん使うところです。砂糖は日本にないもので、貴重品であったため、お正月にたっぷり用いたのではないでしょうか。おせち料理に甘味の多いものが多いのは、その名残りだと思います。

昆布巻はよろこんぶ、黒豆はまめで働けるように、田作りは稲の豊作につるび、数の子は子孫繁栄を意味して産めよ殖やせよに通じさせたとか。現代の若い人は家族計画、加えて人口問題のやかましい折なので、数の子のほうが先を見通して、影を消してくれました。今に田作りも姿を消して、田んぼなんか作らなくてもいいですよ、お米は余っているし、企業企業で多忙だし……、観光地やゴルフ場やらで農作をする場所もないじゃありませんかと逃げられるかもしれません、今さらおせちでもないではありませんかと……。

ところが世の中はまあなんと皮肉にできているのでしょう。昔恋しや銀座の柳でもないのでしょうが、おせち料理おせち料理とたいへんやかましい面もありまして、秋の頃からおせち料理を書いてくれ、教えてくれといわれますと、「それ本気！」とききなおす有様です。

立派な先生方が、こと細かに作り方を書かれたものをはじめ、お祖母さん、お母さんから教えていただくものもたくさんありましょう。生れ故郷のしきたり、伝統、習慣、自ら求めれば、いくらでも学ぶのには不自由はありません。手をかけてやる気があれば、おせちなどむずかしいものでなく、いとやすくできます。

お屠蘇は美味しいものです。お正月料理によく合います。お道具がなければ、徳利に紅白の水引を結んだだけで充分です。せめてお元旦だけでもおせちとともに召し上ってみてください。心あらたまってよいものです。

昔の人の知恵をふり返ってみると、つましいなかのしみじみした心根にひかれます。人と人の横のつながりのよさがふれあうような味、これがおせちの味と申してよいでしょう。

餅

正月にきってもきれないものがお餅でしょう。餅がつけるかつけないかが、歳の瀬を越せるか越せないかに通じた昔は、お餅はとても大切なもので、その扱い方も非常に丁重なものでした。鏡餅をそれぞれの家の流儀によって飾りつけるのが、正月仕度の第一だったのです。神様、仏様用に小さい裏白を選びわけ、小さいながらも昆布、ゆずり葉が添えられ、葉つきの金柑がのせられると、なんともすがすがしい可愛いお供えができあがって、神棚も仏壇もきちんとした佇《たたずまい》にきまるのが不思議です。

戦時中は、鏡餅どころか、口にはいるお餅にさえ事欠く米不足があまり永くつづいたため、日本人の米と餅に対する感じ方がだいぶ変ってしまいました。鏡餅の本来の飾り方も昔どおりにする家庭がめっきり減ってしまったのか、年始に見える方たちの間でも、鏡餅を知っている方は〝やはりいいですなあ〟と珍しがってくださいますが、若い人はなんの興味ももたず、鏡餅にすら気づきません。旧式なことをまだやっているくらいに思うらしいのです。私は生家の習慣から、暮の二十八日に必ず餅をついてもらいます。八は末広に連なり、九は苦に連なるとかいって、語呂まで気にかけたらしいのです。それまでに、お供え用、輪飾り用の御幣を裁って、歳の市で裏白、葉つきの橙をもとめ、昆布、根引きの松、藪柑子《やぶこうじ》、ゆずり葉は庭のものを使い、伊勢えびの代りに紅白の水引を使って飾りつけをするのがならいとなっています。これをしないと正月がくるような気がしません。

餅の上に橙をのせたって意味ないわ、それに堅くなってしまって食べるのに困るし、すぐカビが生えるから、と若い人たちはいいます。なるほどさもあろうと思うのですが……。お供えを飾る時、まず三方《さんぽう》に白米を敷きつめて、次に奉書を敷いて、お供えを置いてごらんなさい。お供えはカビません。十一日のお鏡開きの朝、飾付けをといたらすぐ寒風にあててごらんなさい。お供えはどんどん大きなひび割れをして手で割れます。暇をみては小さく小さく割ってゆきます。カラカラに干しあげて、堅餅にしてこれを油で揚げれば、だれだって大喜びです。また堅餅を罐に入れて保存すれば、いつまでたっても変化しません。私は堅餅にし揚げ餅を作るために鏡餅を作るようなものです。こう説明すると、なるほどそうすれば無駄ではありませんね、とききわけてくださいますが、はたして堅餅になさる方が何人あるでしょう。

カビが生えた、もう食べられないと捨ててしまうときいて驚きました。餅のカビは水に浸けるとほとびれて、簡単にとれます。水餅にして焼けば美味しくいただけます。

お雑煮

お雑煮もお国ぶりそれぞれ特徴があって、見事なものがたくさんありますが、わが家のお雑煮はおよそ縁遠いようなものです。芹と花かつおだけの清汁《すまし》雑煮で、それはそれはさっぱりしたものです。主人は毎年のように、武士の味がすると申します。このお雑煮は先祖伝来のお雑煮で、天下分け目の関ヶ原の合戦のおり、前田利家公が戦陣で迎えた正月、餅をつき、田のあぜの芹を細かくきざんで鰹節をかけ、その上に熱湯をかけて雑煮を祝った故事を記念して、加賀百万石の太平の世となっても祖先の労苦をしのんでの習慣ときき及んでいます。表向きは芹のこまごまと花かつおだけの質素さですが、出汁にはとても細かく入念な心くばりをいたします。出汁昆布を前日から水に浸け、濃い昆布水を素にして、鰹節の芯だけをたっぷり使って出汁をとり、醬油の色をきかせた清汁に仕立てます。別鍋に昆布をひいて、切餅を茹でて茶碗に盛り、清汁をそそぎ入れ、芹のみじん切りと花かつおをふりかけるのです。食べなれるということは不思議なもので、鴨や鶏を使った豪華なお雑煮より美味しいと思うのは手前みそかもしれません。

出汁のきいた三河味噌、または八丁味噌でお雑煮を仕立てるのもいいものです。生餅を油で揚げます。油には少々胡麻油を加えたほうが風味がよろしい。お餅のまわりが狐色になると中まで火が通っています。煮立ちはじめの味噌汁をそそぎ、さらし葱をぱらりとふりかけていただきますが、子供たちの大好物の一つでした。今どきのお子さんたちは、こんなものは好きではないでしょうね。父親になったせがれたちは、まだこの味を覚えていて、時々思い出しては食べているそうです。

柚子《ゆず》　酸橘《すだち》　かぼす　橙《だいだい》

日本料理らしさに心をひかれ、その味を求めるなら、事改まらず日々のお惣菜にも四季の風情がほしいのが当然です。そのような方には、ゆずの木と山椒の木を一本ずつ、茗荷の根と青じその種をお播きなさい、とおすすめします。もちろんわが家においでになる方には、芽を出した時にいきあたれば、茗荷、青じそ、蓼等はいつもさしあげています。山椒もあちこちに芽を出すのでひっこ抜いてさしあげていますが、「山椒の苗は盗人して」とのたとえのとおり、大きいものはなかなか根つきが悪く、芽を出したばかりの小さいものが必ず移植に成功するのは不思議です。

これらの香りを添えるのが日本の味なのに「ささいなことにいちいち気を配ったりしてはいられません。わかっているのですが、忙しくて……」などという人にはつまなし、薬味なしの刺身や酢のものを食べさせることにしています。にぎりずしにもわさび抜き、どんな素晴しい鯛でもまぐろでも、わさびなしで生の切身だけが器につんもり盛りあがっていたら、おそらく箸をつけないでしょう。煮物やお汁に吸口がないのは、刺身につまがないのと同じです。ひとへぎのゆず、ひとひらの木の芽、さらし葱、針生姜、茗荷、青じそ、七色等、決してアクセサリーではないのです。下手に専門屋の真似をしていじくりまわすより、こうした基本的なことをしっかり頭に入れて実行していただきたいものです。胡麻をかける、花かつおをかける、みな同じことです。

ゆずや山椒は植木鉢で育てれば、アパート住いでも立派に育ちます。茗荷や青じそも箱造りで充分です。芽じそなどは水盤で水栽培をしたほうがよろしいのです。外国のむずかしい観葉植物を育てるより、はるかに手数もかからず、収穫も楽しめて一挙両得、花より団子です。

ゆず

ゆずの木は、実ゆずの木と花ゆずの木とありますが、実ゆずより花ゆずのほうが味がいいように思います。花ゆずの大きさは、へぎゆずにしても、おろしゆずにしてもちょうど手頃で、一つを使いきってしまうのに都合のよいのが嬉しいと思います。桃栗三年、柿八年、梨の馬鹿野郎十六年、柚子《ゆず》の大馬鹿三十年といわれるように、実ゆずは三十年くらいたたないと実がならないのではないですか？　その点、花ゆずは若木でも早く花が咲いて実を結びます。ゆずのひとへぎの香りが、どれだけ食卓の豊かさを増すものかご存じの方は、花ゆずをお植えになるようおすすめいたします。花も実も楽しめるとは嬉しいではありませんか。

ゆずの花の香りは、五月の頃胸に深くしみわたり、なんともすがすがしいもので、花が鈴なりに咲くので間引くつもりで七分咲くらいのものをちぎって、味噌汁、お清汁に浮べましょう。お豆腐、焼麩、あさり等なんでもないお清汁が一輪の花ゆずでとても楽しくなります。

青いうちの実は輪切りにして用いたり、表皮をおろして、こいものふくめ煮、素麵やひやむぎ、滝川豆腐や冷奴等、ふりかけるとこれまた夏ならではの味になり、秋口ともなれば思い切ってきざんで、ちらしずし、煮物、漬物等、松茸にはゆずの香りと相場はきまっていましょう。十一月、ぎんなんやもみじが色づきはじめると、濃いみどりの葉かげからそろそろ黄ばみはじめた姿を見せ、十二月にはいれば本格的に黄金色の玉となって、これからが私の出番とばかり、落葉した木々の枝を見わたしながら黄金の鈴の音をふりまきます。

そばに寄ると、ゆずだって、きりょうのいいもの、デコボコジャンコ面《づら》、へそ曲り、ゆず釜にしてお正月のお重詰の品定めもなかなかたいへんです。デコチャン、ヘコチャンをお先にちぎって吸口にしたり、絞って酢のものにジュースをいただき、絞りかすは、お風呂に入れます。青ゆずの時代からわが家は、常時ゆず、すだち、かぼす、レモン、オレンジ、グレープフルーツ等とともに皮をお風呂に入れて、いい匂いの温泉気どりです。

ゆずは不思議な柑橘類で、年末までは皮も中身も張り切っていますが、年を越すと、中身の汁が日に日に減って、薄皮や、綿（表皮の内側）がポッタリしてきます。橙、すだち、かぼす等は表皮がしなびても、中身のつゆ（ジュース）は原型をとどめてやせません。

こんな状態になったゆずが最高に美味しいのをご存じですか？　つゆ気がなくなって、綿が部厚くホクホクしはじめたら、いろいろの保存法が始まります。

まず第一に、そのまま二つに切り、さらに薄く薄く切って、種を取り去り、小鉢に盛って、グラニュー糖を小匙二杯くらい、醬油を二、三滴かけて、箸でよく混ぜてください。ねっとりしますのでそのまま食べてください。ゆずそのものずばり！　こんな美味しい食べ方はまたとありますまい。ご飯によし、酒の肴によし、ビタミンCそのものをいただくとはこのことで、はじめて召し上るお方はびっくりします。また蜂蜜に浸けて、トーストにのせるのもよし、夜長の飲みものに熱湯を入れるのもまたよいものです。薄切りにして、ザラメを加えジャムにして保存します。香りと酸味がまことに乙で、通の味がします。フルーツケーキに入れるのもまた一興です。

お正月用いかの塩辛、鮭ずし、かぶらずし、千枚漬等、必ずゆずがはいります。

ゆず味噌は、ゆずを丸のままよく洗って、酒と味醂をかぶるほど加えてほたほた煮つづけます。昔は火鉢の銅コの上にのせて、湯せんにして、トロトロの味噌になるまで二、三日かかって（途中でおろしたりしますから）煮つめたものですが、今は火鉢がないので、瀬戸引きか土鍋をガスの蛍火にかけて煮つめ、最後に湯せんにしています。これを素として味噌に練りあげたり、鍋物や湯豆腐、そばの汁にしのばせたり、魚の味噌漬に混ぜ入れたりいろいろの役に立ちます。そのまま大豆粒くらいのをなめると、禅味があります。これがほんとうのゆず味噌で、味噌とあめや砂糖で練りあげたのはゆず入り味噌です。二本の木で二百個くらいの実がなるので保存もなかなか忙しく、一年間通してゆずとのおつき合いをしています。

すだち　かぼす　橙

四国のすだちも、ポンズ目的のためにとてもよいしるをもっています。からたちの実くらいの大きさですが、皮が薄くていっぱいジュースがあります。十月の初め、香りのよいまだ真青の時、毎年四国から送られてきますが、ゆずがありながらすだちのくるのが待ち遠しいのは、どうしたものかと思います。毎年同じ顔を見ないのは淋しいという人情のようなものでしょう。「四国名物すだち」と書いた箱書を見ると、やれやれと安心するのです。

それと同じものがもう一つ、九州のかぼすです。ふぐや、かしわの水たきになくてはならぬもの。すだちよりひとまわり大きくて、香りがよく、とてもよい風味の酸です。白身の魚をこの絞り汁でさっと洗って、新米でばらずしを作るとなんともいえません。

最後に現われるのが橙です。正月のお供えに橙、ゆずり葉と縁起を祝って、葉つきの橙が登場します。橙の酸味はまた特別強くて、鯛ちり、鱈ちり等になくてはならぬ果実酢です。なまこや牡蠣のおろし和えのかけ酢には橙酢の右に出るものはありますまい。すっきりとつらぬくような酸味こそ橙の命です。白菜の漬物に絞ってかけると、白菜が生れかわったような味になるのが不思議です。冬の寒さをこんなよい食べもので暮せる日本の倖せをなんとたたえたらよいでしょう。淡泊で栄養的な食べものは取合せのよさ、そのもとには、祖先の知恵があることをよくよく知って、私どもは、さらに新しいよい食べものを次の時代につくり残さなくてはなりません。

蜜柑《みかん》

〽沖の暗いのに白帆が見える　あれは紀の国みかん船

景気のよいかっぽれ、吉原二三吉の艶のある調子が大好きで、お囃子入りで踊ったらさぞ愉快だろうなあーと子供ながらも思ったものです。みかんといえば紀州、ますます改良されて品質も向上し、早生みかんが出はじめる九月から翌年の春三月頃まで食べつづけられるのはまことに倖せです。

あれは私の十五歳の暮だったでしょうか。「お前さんも大人になるのだから、そろそろみかんの味を教えておかなくては」と祖母に連れられて歳暮景気のにぎやかな神田多町のよせ幸（青果物問屋）に連れて行かれました。よせ幸のおじさんは、山と積まれたみかん箱をポンと開けては、一つ取り出し、真二つに割り、半分を祖母に渡し、一袋つまんで引き出してお互いに口に入れ、「いかがでございましょう、やはりこれでございましょうなあ、このへんのものはお子供衆によろしいと存じますが」といいながら、九州、四国、紀州、広島、静岡と一袋食べてはの品定め。年内用は九州もの、正月にかけては紀州もの、台湾のポンカンは来客向き、すごろくみかんは子供用と、大八車一台にみかん箱が積まれます。とにかく、真二つに割ったみかんのなかから一袋を味わうだけで二袋とは口にしませんでした。次から次へ試食しては、それではこれ、それよりもこれとテキパキ決めていく祖母は、そのたびに「はい浜子」と、私にも一袋一袋と味わわせました。

種のあるもの、皮の薄いもの厚いもの、肌ざわりのよしあし、祖母とおじさんの言葉のやりとりを一言もききのがさじと、なるほどみかんはこうして買わなければならないものと知りました。みかんの季節がくると祖母をしのび、よせ幸のおじさんの薄くなったいが栗頭を想い出します。十五、六歳の小娘時代に、目に見せ、手に取り、知らしめてくれたことは、祖母にとっては当り前のことだったのでしょうが、今の私には尊い、かけがえのない教えになっております。

木箱またはダンボール箱の外側に産地、生産者、農協、等級が書いてあります。みかんは必ず一袋試食をしてからお求めください。そうすれば、酸っぱい甘いのほかに、香り、肌理《きめ》の荒さや細かさを知ることができると思います。

晩秋は九州と四国の、十一月は広島、紀州は正月、春先が静岡と、南のほうから甘くなることを覚えておいてください。

みかんに限らず果物こそ、人の手でこねたり、かえしたりできない、ほんとうに安心して食べられるものといえましょう。世の中の移り変りの激しいなかにあって、よいものをよく守り、受け継ぎ、さらによりよくすることは尋常でないと、しみじみ痛感せずにおられぬ今日この頃です。

世の中の進歩につれ、インスタント結構、食品の改良進歩はしなければならぬことです。

さりながら、食べものは命の養いなのです。企業としての成功を第一義にしては困るのです。命の養いに叶うことが第一に考えられなければなりません。これは作る例の良識に訴えるほかありませんが、しかし買う側にも五分の責任があるのです。買うから作る、作るから買う、これでは卵が先か、鶏が先かという争いにも似て、そんなことをいってすまされないところにたちいたっているのではないでしょうか。

本物の味、真心が作り出す味、この味こそすべてに求めたいものです。本物を見る目、見極める目がさらにほしいと願う思いでいっぱいです。

乾瓢《かんぴょう》　椎茸《しいたけ》　高野《こうや》豆腐《どうふ》

毎年冬至の頃には必ず花を咲かせる白梅が、正月の末頃になってやっと蕾がふくらんできました。福寿草の芽はいまだ土の下にうずくまってか、地割れも見せません。今年はよほど寒さがきびしいのでしょう。例年のことながら正月を過ぎて旧正月にかかる頃野菜が不足して高くなります。ビニール栽培で改良進歩はしたものの、露地ものが出回る頃まで台所は野菜高に頭を痛めます。こうした時期に乾物類を上手に組合せると、食卓は豊かにバラエティに富んで、野菜不足や野菜高をかこつ必要もなくなりましょう。日本は乾物の宝庫だと思います。こんなにも多くの種類が干され貯蔵されているのかと、あらためて驚かされるほどにたくさんあるのです。

かんぴょう

かんぴょう、ご存じのとおり、瓜を螺旋に切って干しあげたものです。おすし用とか昆布巻用に結ぶくらいしか役立たないと思っておられる方が多いのは残念です。塩水でよくもんでから水洗いをして、たっぷりの水でやわらかく茹でます。味噌汁の実にするとなかなかよろしいものです。お惣菜向きには油揚げといっしょに使えばよいのですが、ちょっとしゃれれば、結んで麩または豆腐と合せて青みを添えれば上等です。

やわらかく茹でたものを油で炒めて、油揚げといっしょに薄味で煮つけても思いのほか美味しく、子供向きや老人向きに喜ばれます。お吸物くらいの薄味にしたものに、大根おろしを添えて三杯酢をかけますと、簡単な酢のものができあがりますが、これに、いかの湯引きやたこなどを付け合せれば立派なお惣菜になります。芝えび、小巻の酒煎りか塩茹でをあしらえばお客向きにもなりましょう。

かんぴょうを求める場合は、真白にさらされたものより、天然干しのいくぶん黄ばんだもののほうをおすすめいたします。

椎茸

椎茸は、大きくて肉の薄めなかしんと、肉が厚くてかしんより小さいどんこの二種がありますが、どちらも、椎茸としての値打ちに甲乙はつけられません。煮物、和えもの、吸物をはじめ、おすしに切り離すことができません。中華風料理に椎茸の利用価値が大きいことは今さら申し上げるまでもありません。重宝至極な乾物の第一人者であることはよくご承知でしょう。

どんこの揚物を一つご披露してみましょう。どんこは水にもどして石づきをとり、椎茸の浸け汁に味醂と醤油少々を加えて煮ふくめます。竹笊にあげて汁気をきり、天ぷらの衣をつけて揚げます。お惣菜には大根おろしと天つゆでいただきますが、盛込み料理の付合せにはそのままでよろしい。天つゆの場合はごく薄味に、盛込みに使う場合はつけ醤油なしと、そのへんのところは臨機応変の処置をお願いいたします。

高野豆腐

高野豆腐は、一昔前にはやわらかくもどすことが一苦労で、それがいやさに特別扱いを受けていましたが、近年はまことに都合よく、ただ熱湯につけるだけで、フワフワにやわらかくもどります。煮ふくめるには、やわらかくもどった高野豆腐の水分を完全に絞らなければなりません。二つに切って、じわりじわりと水を絞り出します。煮汁は、出汁に味醂と酒、砂糖、醤油、塩で味付けをすませて、水気のない高野豆腐を煮汁に浸けます。すると、一度に中の中まで煮汁がしみ込んでしまいます。それから弱火でことこと煮ふくめればよろしい。煮汁は吸込む分も勘定に入れて、たっぷり用意いたします。

関西ではお惣菜に常時使われるのですが、関東では使いなれないむきがあるようです。加工の手間を考えると割安食品の一つと思いますし、四季を通じていつ食べても美味しいものの一つと思います。面倒がらずに、もう一度乾物類のよさを見直されて、手近なものから創意工夫をこらしてみようではありませんか。

白和《しらあ》え

白和えなるものを初めて作ったのは数え年十八、祖母の亡くなった精進落しの日でした。ひじきの白和えを作りましたが、たいそう美味しくできたと皆様からほめられました。自信がなく、おっかなびっくりで作ったのが、まぐれ当りをした意外さに、若い娘だった私にはそれから白和えに対する引っかかりが生じました。

ほんとうの白和え！　確かといえる白和え！　そんな時、祖母の初彼岸にご近所から手作りの酒まんじゅうに白和えが添えられ〝どうぞ仏様に〟とお配りものが届きました。なるほどこれは素晴しく結構な白和えだと、心ゆくまでその白和えと取り組みました。早速その日にその白和えを目の前に置いて白和えを作ってみました。和え衣をなめてみたり、和え衣を白湯で落して、人参、椎茸、こんにゃくの下煮にいたるまで区別して味わいました。得心のゆくまで胡麻も豆腐も擂りました。下煮された具と和え衣が一つに溶けあってあい助け、渾然一体となってかもしだされる味、調和というものが少しわかりかけました。こんにゃくの舌ざわり、椎茸のしなやかさ、それに調和するためには人参の切り方、煮加減までも考えに入れて、細心にも細心の注意をはらわなければ舌の上、嚙み合せの妙を左右する結果を生じる、一分の隙も一寸の油断も許されぬきびしさを感じとりました。そんなことの繰返しをこの年になるまでつづけております。

刺身とか塩焼はそのものずばり魚のよしあしで半ば味が決定しますが、和えものは種々の品が入り混ってのちにかもしだされる調和のよさ、すなわち味なのです。オーケストラの指揮者が和え衣なら、具が演奏者だと考えてみるのもおもしろいでしょう。

白和えに美味しい材料の取合せは、まず〈椎茸、こんにゃく、人参、青み〉〈粟麩または蓬麩にきくらげ〉。青菜は春菊にかぶ菜、小松菜、ほうれん草、たんぽぽ、甘草、嫁菜、土筆《つくし》などです。〈わらび、ぜんまい〉〈ひじき〉〈蓮根、百合根、ぎんなん〉もよいでしょう。これらの材料の下煮は、和え衣のじゃまにならぬように、むしろ引き立て役にまわるように淡味にしなければなりません。

和え衣の作り方をごく簡単に書いておきましょう。材料は豆腐半丁、白胡麻大匙すりきり二杯、味醂大匙二杯、砂糖大匙一～二杯、醬油小匙半杯、化学調味料少々。豆腐は水をたっぷりにして、水から弱火でゆがき、中まで火が通ったとみたらすぐ清潔なふきんにとって、二枚の板の間に挟んで、耳たぼくらいの固さまで水を絞ります。胡麻は砂やゴミを取り除き、香ばしく煎って、油が出て味噌になるまで摺り、豆腐を加えてさらによく摺り、調味料を順に加えます。摺るほどにねばりが出て、ニチャニチャと音がしてきます。摺りこぎが吸いつくくらいねばつきます。ここまでくればもうしめたものです。きっと美味しい和え衣ができたはずです。砂糖や醬油などの分量を具の素材にしたがって加減されることは、皆様のご経験におまかせしましょう。

白酢和え

節分の豆まきで、八幡様や大塔の宮への人出は相変らずです。どこからこんなにぞろぞろ引きもきらずに人が出てくるのでしょう。満員電車にもまれてきたばかりなのに、また押し合い、へし合い、厄払いの豆を拾うさまを見ていると、人間てこんなにごちゃごちゃするのが好きなのかしらとちょっと不思議に思えます。八幡様の蓮池の土手の南側あたりは、もう土がやわらかくふくらんで、犬ふぐりが可愛らしい花を咲かせているのに、早春の土の匂いに見向きもせず、わっしょわっしょと豆を拾っています。私はそれを横目に見ながら裏の土手の陽だまりに甘草の芽を掘りに行くのです。

北側を山で囲まれた山裾のふところは風もあたらず、ポッカリと暖かく、高い土手に身を寄せて、ちょっと土をほじくり返すと、あったあった、芽が出ていました。「毎年有難う」「今年もまたお目にかからしていただきました」と心の中のひとりごと。竹籠ならぬビニール袋に一芽一芽切り取っての帰り途の頭の中は、茹でたての若みどりの甘草に、真白い白酢がとろりとかかった小向うが描かれているのです。鰆《さわら》の照焼、蛤の潮《うしお》には蕗の薹でも浮かすかな？　まてよ生鱈の子と、うどの煮合せもいいなあなど、食い気ばかりでお恥ずかしい。

白酢和えは、前項の白和えの衣に酢を加えて、やわらかくとろりとしたものとお考えくだされればよいでしょう。豆腐は熱湯で静かに火を通します。決してガタガタ煮立ててはなりません。火が通ったら、ふきんに包んで板の間に挟んで重石を置き、耳たぼほどの固さに絞ります。胡麻は香ばしく煎り、味噌状になるまでよく摺り、摺胡麻の倍ほどの白味噌を加え、豆腐を入れてネチネチ摺り鉢に摺子木が吸いつくまでよく摺り合せ、味醂、砂糖、酢で味付けをして、とろりとなればいいのです。ほんの少量の塩、または二、三滴の醬油を入れるのをお忘れにならぬよう。

大根と人参を細かくきざみ、ぱらりと塩をふりかけて、しんなりしたら、さっと水洗いして固く絞り、椎茸の薄切りに薄く下味をつけたものと合い混ぜにするのです。また、長葱の白い部分を白髪葱にきざみ、水にさらしてパリッとさせ充分に水気をきって、こんもりと小鉢に盛り付け白酢を添えるのもよろしい。

甘草、つくしの白酢和えはもちろん、これから出はじめる新蕗も青く茹でっぱなしのまま皮をむいて、三センチくらいの長さに切って、白酢をかけるのも、また楽しいものです。塩くらげを塩出ししてから細く切り、胡瓜と合せたものも歯応えがよく、きくらげと胡瓜の取合せもよろしいものです。

うどは生のままでもよく、酢を加えた水で茹でたうどに白酢をかけるのも一興です。うどや葱のように白いものの場合は、なにか色どりを添えたいもの。笹の葉を敷くとか、茹で卵の黄身を裏ごしにしてパラリとかけるとか、紅梅の一輪、または、菫の花をそっと添えていただきましょうか。

酢洗いした貝柱、平貝、青柳、塩茹でして皮をむいた芝えびなどは、これらのなかのほとんどのものと取り合せて、思いのままに白酢和えを楽しむことができます。あく出しした早蕨《さわらび》の白酢和えなどは、甘草に勝るとも劣らぬ春の匂いを満喫できる味わいです。

ただし、白和えといい、白酢和えといい、豆腐をほとんど生の状態で扱うものなので、春はお花見の頃まで、秋は十月の声をきいてから召し上るものとお心得ください。ポカポカと暖かくなった時分に、完全にさめきらぬ下煮の具を和えることは腐敗を早める原因になります。白酢は足早いとお考えください。もっとも晩春になれば、人のほうがさっぱりした酢のものやおひたしを要求しますから、自然に台所から姿を消すということも考えられますが……。

白魚

食べものの好みが年とともにいろいろの型で変るのも自然のなりわいと申されます。その人のものになってしまった味、毎朝焙《ほう》じられる番茶の香り、二枚を中表に合せてたんねんに焼いた海苔の味、これらの味は好きとか嫌いと申すたぐいにははいらず、そのなかで育てられた家の味で、年とともにいつまでも生きつづけている味なのです。

子供の頃は、鰻、穴子、泥鰌《どじょう》など、味はともかく姿を考えただけでどうにも好きになれませんでした。どうした時、どうした拍子で鰻や穴子が大好きになったかわかりません。白魚もその一つです。ぐんなりとやわらかな白魚には、なんの魅力もありませんでした。白魚の軽さが何より結構となったのもここ十年くらいだと思います。先年、広島に旅行した時「おどり喰い」といって、白魚の獲りたてを水に泳がせ、すくいとって、かけ醬油で食べる所に誘われましたが、口の中でピクピク動く白魚を想像し、生きている魚を口の中で殺すのはなんとしても気の毒なのと、半分こわさでやめました。今でもやめてよかったと思っています。

二月は白魚のしゅんです。透き通って目が黒く光るのでそれとわかるような新しい白魚の出るのが待たれます。六、七センチくらいの大きさのものをフライにするのが一番好きです。まず、念入りにパン粉を作ります。良質のパンの三日目くらいのものを鬼おろし（大根おろしの目の粗いもの）でゆっくりこすります。粗いパン粉ができます。洗って水をよくきった白魚を並べ、メリケン粉を粉ふるいでふりかけます。必要量の粉がまんべんなくふりかかって、干菓子のようになります。卵につけてパン粉をまぶし、サラダ油でカラリと揚げるのです。揚げるほどに白魚はそり返り、踊るような姿になるのがなんとも大好きです。揚げたての、あつあつに食塩をふり、レモンの絞り汁をかけていただくのですが、軽くていくらでも食べられてしまいます。

白魚なんてとても高級で、めったなことで口に入れられない、とおっしゃる方はちょっとお耳を拝借！　百グラム〇〇円ときいただけで高いと横を向かずにおききください。白魚は目方のかからぬ軽い魚です。百グラムと申しても数があります。二百グラムもあれば五人分のフライに充分足ります。そのうえ、パン粉をつけて揚げるとそっくり返ってたいそう量がふえます。フライにしてこんな得な魚もないと思います。ぜひお試しください。天ぷらにしてももちろん結構です。けれど、さめた時、天ぷらの衣のもどるやわらかさに、白魚のやわらかさがあまりにもなじみすぎて具合の悪い結果になります。フライなら、さめてもパン粉の張りがささえてくれるように思えます。うど、さやえんどうとの煮合せに青い木の芽を添えた煮物鉢も捨てがたいものの一つです。

鎌倉の海辺では、春と秋の二回、たたみ鰯干しが見られます。船から揚げた四斗樽の中は白子《しらす》の黒い目だけが光り動いてとてもきれいです。ひとすくいしては型枠に取り、ゆり動かしながらひと皮並べに流し、水をきるともう白子が重なりくっつき合って、たたみ鰯の型にまとまってしまいます。それが干し簀の上にあけられ、日光にあたり、海風に吹かれると、見ている間に干しあがってしまうのです。いつまで立って見ていても、飽きません。干しあがったほやほやを分けてもらって、夕食に焼いて食べられるのですから有難いと申すよりほかにありません。春ごより秋ごのほうが味がこっくりと充実しているように感じられます。ともあれ、味のないなかに味のあるものに心をひかれる齢《とし》になってしまいました。

かくし味

先日、NHKの教育番組で、かくし味についての放送をしました時、「かくし味」についての概念が、どこか食い違っていると感ぜられました。相手方は「かくし味」を化学調味料またはスープの素のようなものに近いと考えているらしいのです。「かくし味」なるものを匙ではかって入れれば、不味いものが美味しくなる、つまり、化学調味料より一段うわてのもの、と頭に描いているらしいのです。味噌汁の「かくし味」を二つお話ししたのですが、その分量は？　と質問されて、適当なご返事ができなくて困りました。つまり、味噌汁カップ五杯に対して、砂糖が小匙何杯とはきめられません、その時の状態をみながらの手当てなのですから。と申しても、それでは納得ゆかぬようにみえました。教わりたい、知りたい、しかも手早く知りたい。一度や二度の失敗にこりずに、得心のゆくまで繰返し、年月をかけて自分のものにする辛抱がない結果の表われで、私との話合いが、〃鶍《いすか》の嘴《はし》の食い違い〃となった次第です。

味噌汁の出汁にもみにも、細心の注意をしたのだから美味しいはずだが、どうももう一歩気に入らない、というような時、砂糖をごく少々入れるとすっきり味がきまります。八丁味噌の場合は醤油を数滴たらすことによって、これならよし、という味になります。味噌汁には砂糖を入れた気配も残らず、醤油をたらした様子も感ぜられない、こんなことが「かくし味」なのですが……。

煮切り味醂を作って常備しておき、和えもの、煮もの、酢のもの、その他すべてに使うのも「かくし味」の一種でしょう。キャラメルソースを焼豚、カレー、菓子などに使うのも「かくし味」だと思うのです。どの場合も、その状態により臨機応変の処置を講ずるのであって、匙〇杯ときめられないのが当然と考えます。料理の行程を見つめながらによってさらに効果をあげようとする心構え。つまり「かくし味」とはインスタントではなく、積み重ねの結果生ずるものでしょう、と、やっとお話が少し通じたようでした。物の考え方、実行のあり方について説明がむずかしく、時代の違い、年齢の差をしみじみ感じました。

三度三度の食事も「一期一会《ご え》」と考え、ゆるがせにはできません。たゆみない熱意は愛情のうえに育つわけです。女と生れ、庖丁を持ちはじめてから死ぬまで数十年の積み重ねの結果、なにか結論に到達するのが当然です。それを祖母、母から受け継ぎ、また自分の時代に更新させることこそ、女性としての生き甲斐であると思うのです。「一期一会」、この心で日々台所に立つなら「かくし味」の妙味も自らおわかりになりましょう。

私のかくし味なるものを二つ三つ申しあげます。味噌汁に、時に応じて砂糖または醤油を入れるのは前に書きました。水気の出やすい、うど、胡瓜などを胡麻酢和えにする時に、茄で卵の黄身を摺り込むと、水気のためにもよし、また味もよくなります。お惣菜向きの場合は、油揚げを開いて、中の白い豆腐の部分をこそげて、すり込むのもいいことです。

刺身の醬油のなかに酢をしのばせる方法。ゆず、すだち、橙、レモンの絞り汁ならもっともよろしい。また、梅干を醬油にしのばせるのも一法です。魚を酢〆にする場合、生姜、レモンなどの皮をいっしょに漬け込みます。生姜の葉や茗荷の葉などもいっしょに漬け込むと、さっぱりした生臭味のない酢〆ができあがります。

塩の使い方一つで違いが生ずるのはだれもがご存じのはず。水、火、塩、この三つが使いこなせるようになれば女も一人前といわれますが……。命のあるかぎりなにごとも努力しつづけようではありませんか。

あとがき

昭和三十七年~四十三年の七年間、毎月『婦人公論』に、小付、小ばちもの、お惣菜等を四季折々の思い出につらねて書きつづけておりました。吉沢久子先生といつもページが裏表で身がちぢむ思いをしながらも、よくぞ七年間も書かせていただきました。「知らないことほど恐しいものはない」との例にもれずの感でございます。

娘芳子、お嫁さんたち、兄弟姉妹、お手伝さんたち、お仲間、お友達から、あの記事が散り散りになると残念だ、あれは一つの時代の生活そのものであるし、そのなかに料理のヒントが得られる数々があるから、ガリ版でよいからひとまとめにしておいてほしい、と言われながら、そのうちそのうちと思案中でございました。はからずも中央公論社からまとめてみたいとのお話を受け、さっそく、読みなおしてみましたら、時代はずれてはいるし内容も不十分だらけで、とてもこのままではと、筆を加えたり直したりいたしました。ただ十数年以前から食品公害の予想を心配して、事ある毎によびかけつづけていたことが、今日ようよう事実となって皆様の前に姿を現わし、是非をきびしく問われるようになりました。その事だけは予想通りでうれしうございました。

娘やお嫁さんたちの、たのしみだ、たのしみだと申す言葉にはげまされ、どうやら一冊の本にまとめ上りました。

昭和四十八年二月

辰巳浜子

解説

荻昌弘

1

辰巳浜子夫人の『料理歳時記』が中公文庫の一冊に加えられることになったのを、心から祝福したいとおもう。

単に、この有益な食味と調理の本が、広く普及される機会をつかんだから、だけではない。じつは、この貴重な一冊は、私たちの日本が、第二次大戦後のある時期、つまり昭和四十年代の前半まで、その国土のなかに、どんな豊かな、幅広くそして深い「味の素材」を生かしたくわえていたか。そして、心と実力ある日本の母たちは、いかにその豊かな国土の素材を、丹精こめて育み、手しおにかけて夫や子供たちに食べさせる独自の文化を所有できていたか。これはその証言なのである。日本は、あの激烈な高度経済成長のさなかまで、このように香り高い海の幸山の幸をたわわに守り通し、国民を大きくやしない育てていたのだ、という驚きを本書に読みとるとき、私たちは、羨望や懐旧以上に、悔恨と痛憤にこそ胸を焼かずにいられなくなる。

そして今後、不幸にも私たちは（この痛恨にもかかわらず）、時が経てば経つほど、本書にしるされた日本の素材からは、遠ざけられ、ひきはなされ、その純正の味も香りも忘れはてるような、索莫の食世界に生きる確率を、強めてゆくことになるだろう。私たち一人一人が、よほど根源的な回心と転生でこの大事な列島にいのちを吹きこみ返さないかぎり、辰巳夫人がここに証言された味の生きものたちは、ふたたび甦ることはないだろう。――これがどんなに深刻なことか、切実にして重大な〝人間の問題〟か。それを、すべての人、とくに若い世代が思い知る必要のためにも、本書は、文庫版というかたちをとって、ながく、ながく、日本の中に生きつづけなければならなかったのである。ひとは決して、本書を、老人の繰り言、と受けとってはならない。

2

本書は、みられる通り、日本の自然が土と水と大気のなかに生みだしてくれる純正の食素材を、四季の季節感がうつりゆく動きの、その道しるべのようにとりだしてみせ、同時に、その素材がもつ真の美味を正しくひきだすには、どんな知恵と工夫と手間が必要か、を（特権者のスペシャルな体験ではなく）日常生活の息づかいと感覚の場で語った料理基本書である。

鮭には、鮭との〝出会い〟というものが、季節の時点にも、土地という地点にも、存在する。しかも、その鮭と出会うとき、私たち人間には、鮭という魚そのものに対する独特の〝手あて〟が、必要になってくる。鮭への手あては、かつおと同じであってはならないし、また、あるわけがない。人間が、ものを食べて生きる、妻が夫や子供に〝食べさせる〟よろこびを感じつつ生きる、毎日三度三度を生きる、とは、この出会いと手あてを正しくすることではないのか。――本書をつらぬくのは、その、妻としての女のこころである。私が読みとるのは、著者のその、母のおもいである。ここにあるのは、食通の舌自慢でもなければ、自称食い魔の、知ったかぶりでもない。まして、小うるさいシュウトメの、お節介な説教ではない。家族肉親にほんとうの食を味わわせ、みずからも真の美味に心を躍らせる、そのよろこびと充実にマメな生甲斐を感じなくて、つまり、そこに不精な手抜きをおこなって、そんな鈍感と消極と無力で、いったい何が女の人生か。少くともあたくし辰巳浜子は、このみごとな日本に女と生きて、そのような好い加減はできない――これは、著者のその人間的な宣言である。食味との出会い・手あてを語るうちに、それがはるかハウ・トゥをとびこえ、いつのまにか、結果として、人間そのものを披《ひろ》げる本が成立していたこと。ここに、生涯をシュンそのものの鮮度でつらぬき通した女性・辰巳浜子の、面目躍如たるイキのよさをみることはできないか。

3

私は、辰巳浜子夫人の、あの眼の輝きと大きさが、好きである。

かねて、この女性の、なんぴとたるかを知らず、私はその『手しおにかけた私の料理』

『娘につたえる私の味』（ともに婦人之友社）を読んで、このひとが、いわゆる〝料理研究家〟とは、まったく一味もふたあじもちがうことを、感じつづけていた。専門家、とか、プロとかアマとかいうことではなく、このひとが、非常に断定的な自信でさまざまな調理を紹介しながら、そこには、できあいの素材で平均的な公分母料理の作り方を教える、といった教室臭がない。ほんとうの材料をふんだんにイキのいいかたちで使って、自分自身、舌の発見におどろいてゆく、といった個性的新鮮さが、そこにはある。本書『料理歳時記』にも共通する特色であるが、辰巳夫人の料理書は、まったくすべてが、自分自身「うまい！」と目を丸くし、それをひとに食べてもらってよろこばれる、その嬉しさを隠さないところから、出発しているのである。私は、このひとの正直さは、ほんものだ、とおもいつづけてその二著を読んできた。

それにしても、昆布なら昆布、ぶどうならぶどう、秋刀魚なら秋刀魚、豆腐なら豆腐、それぞれ一つ一つの素材への正確な対し方、ツボを外さぬ向きあい方を、これはおそろしくこまめに知ってるひとだな、と感嘆しつづけていた折しも、ある週、私はたまたまNHKテレビの料理番組で、この辰巳浜子夫人なる小柄な女性が、包丁やお玉握って登場したアシスタントの女のコを、真っ向う唐竹割りの壮烈さでぶっとばしている実況を目撃したのである。私はもう、文字通り、溜飲がさがった。ものを作り、ひとに食べさせ、自分も味わう、ということの重大さ。それは、うじゃじゃけた、でろりぼけーッとした立ちん棒でできる作業ではないのだ、という気迫。それを何の義理もトクもないよその娘へ真っ正直に叩きこんでいるまじめさ、誠意、生気。——私はこの瞬間から、未知の辰巳浜子夫人への、まったく隠れた私淑者になった。夫人への全幅の信頼と敬意は、その後、私を、夫人と対話できるチャンスなら、何をおしてでもどこへでもでかける、という状況に、置くことになった。私はそこで、夫人のあの大きな眼を見、——そして、辰巳家自製の、あっとおどろく美味の数々に、出会えるのが、何よりものよろこびになる。今も、である。そしてその場合、辰巳家の自製食品とは、本書から想像されるような〝和風〟にとどまるのではない、生ハムからテリーヌ、そしてまるごとの豚の頭料理におよぶものであることを知っては、そのたびにおどろき直すのである。

4

素材との出会い・手あてを語る以上、本書には、目次に並んだ数多い材料と対等に、「著者自身」が書きあらわされてしまったこともむしろ当然といったほうがいいかもしれない。

それはときに、「昆布は海の草です。海を陸に置き替えてみませんか？　畑の白菜、キャベツは、外側の葉は大きいけれど、堅くて、そのもののうまみに欠けていましょう？　白菜やキャベツのおいしい部分はどこか？　それと同じようなことが昆布にもいえるのではないでしょうか。わかめはさしずめ、小松菜かほうれん草、ひじきは、わらびかぜんまいかしら」といった、ファンタスティクでせんさいな、イメージのユニークさになることもある。また、「柿の葉ずし」作りの名文のように、「ご飯の量は小指の大きさです。おちょぼ口でも完全に一口でパックリはいるほどのごくごく小さいにぎりです。ご飯に針生姜を少量のせて、鮭の切り身をのせて、柿の葉でくるっとひと巻きして、器のはしから順序よくしっかり詰めこんで、いっぱいになったら押し蓋をして重石を置くのです。柿の葉は表が外側になるように、葉の裏のほうに、にぎりをのせて巻きます。半日くらい重石のかかったおすしは柿の香りが移って、柿のどんな成分がしみ移るのか知るよしもありませんが、とにもかくにも、まったく素晴しく美味しいおすしです」といった、具体性がそのまま感覚のするどさのあかしのような簡潔さもうみだしたりする。「五月の葉はしなやかで巻きよいのですが、夏、堅くなるとピンとそり返って包みにくくなります。しかし、紅葉した秋の葉はしなやかで包みやすく、鮭の脂で葉が美しく光り艶やかで、ほめない方はありません」なんて、まこと、生きた自然をそのままに食う日本の味を、絵に描いて示す色彩感ではないか。

本文を読み進み、あるいは、とおもって、こころみに数えてみると、果せるかな、おもしろいことを発見する。この本の中に、どのような材料が最もしげしげと頻出するか。それは、(読みながら私が予感した通りなのだが)ゆず、レモン、生姜、木の芽、茗荷、葱、わさび、といった、香りの植物である。うどや芹、蓼、きのこに対する強烈な執着や愛情。これも、著者の、匂いに対する非常に鋭敏な感能力を、問わず語りに語りきっている。

これは単に、いわゆる「和食」が、以上のような単味の香草を必ず味の引立て役として必要とするから、だけではない。また、日本では、季節感やシュンの存在が、そういう香草でこそ先触れされるから、だけでもない。ゆずや茗荷に対する強い著者の信頼は、やはり、このひとが、どこまでも「感覚」の敏感さをシンにして生きる、非常に神経に恵まれた女性であることの、あかしだ、というほかないのである。辰巳芳雄氏は夫君として最も幸福な男性であるだろう。

しかし、だからといって辰巳浜子夫人の料理の実力が、単に天与の感覚的美質にだけある、とするのは、最も無礼な誤りにちがいない。夫人が、ここまで味わいのひだの深く細かい食のエッセイを仕上げ得たのは、それこそ、生家に脈々とつたわった、食への敬意としつけ。それを正しく受けとめての、娘時分からの学習とくりかえしの自己鍛練。結婚後の夫や子供への愛情、誠意。そして絶えざる試行錯誤。なかでも、戦中・戦後に経験しつくした飢えと開拓の苦難。その相乗積、総和であることを、本書は読む者に教えてくれる。夫人は、その人生の総和を、さらに、あくこと知らぬマメな行動力・好奇心、そして信仰や茶懐石でみがきあげた自然の恵みへの感謝で活性化することによって、このような、稀有の、日本の基本食の証言者となりえたのであった。

夫人の、たしか旧著に、「腐った鯛より、活きた鰯です」という卓言がある。私はこの言葉が好きだ。そして、夫人を語る言葉としては、愛嬢芳子さんの、「母は本質のひとです」というひとことが、最も確かな評言であろう、と私はおもう。本書は、鰯の場から生まれた、本質の書である。

中公文庫

料《りょう》理《り》歳《さい》時《じ》記《き》

1977年1月10日　初版発行
2002年9月25日　改版発行
2015年11月20日　改版15刷発行

著　者　辰《たつ》巳《み》浜《はま》子《こ》

発行者　大橋善光

発行所　中央公論新社
〒100-8152　東京都千代田区大手町1-7-1
電話　販売 03-5299-1730　編集 03-5299-1890
URL http://www.chuko.co.jp/

DTP　平面惑星
印　刷　三晃印刷
製　本　小泉製本

Published by CHUOKORON-SHINSHA, INC.
Printed in Japan　ISBN4-12-204093-0 C1195

中公文庫既刊より

各書目の下段の数字はISBNコードです。978－4－12が省略してあります。

う-9-4
御馳走帖
内田百閒
朝はミルク、昼はもり蕎麦、夜は山海の珍味に舌鼓をうつ百閒先生の、窮乏時代から知友との会食まで食味の楽しみを綴った名随筆。〈解説〉平山三郎
202693-3

つ-2-12
味覚三昧
辻嘉一
懐石料理一筋。名代の包宰、故、辻嘉一が、日本中に足を運び、古今の文献を渉猟して美味真味を探究。二百余に及ぶ日本食文化と味を談じた必読の書。
204029-8

た-34-5
檀流クッキング
檀一雄
この地上で、私は買い出しほど好きな仕事はない——という著者は、人も知る文壇随一の名コック。世界中の材料を豪快に生かした傑作92種を紹介する。
204094-6

き-7-3
魯山人味道
北大路魯山人
平野雅章編
書・印・やきものにわたる多芸多才の芸術家・魯山人が終生変らず追い求めたものは〝美食〟であった。折りに触れ、書き、語り遺した美味求真の本。
202346-8

き-7-5
春夏秋冬 料理王国
北大路魯山人
美味道楽七十年の体験から料理する心、味覚論語、食通閑談、世界食べ歩きなど魯山人が自ら料理哲学を語り、手掛けた唯一の作品。〈解説〉黒岩比佐子
205270-3

あ-66-1
舌 天皇の料理番が語る奇食珍味
秋山徳蔵
半世紀以上を天皇の料理番として活躍した著者が「舌は味覚の器であり愛情の触覚」と悟った極意をもって秘食強精からイカモノ談義までを大いに語る。
205101-0

あ-66-2
味 天皇の料理番が語る昭和
秋山徳蔵
半世紀にわたって昭和天皇の台所を預かり、日常の食事と無数の宮中饗宴の料理を司った「天皇の料理番」が自ら綴った一代記。〈解説〉小泉武夫
206066-1